KUAILE HANYU
快乐汉语

练习册　第二册

主编 李晓琪

编者 王淑红　宣　雅　刘晓雨

人民教育出版社
PEOPLE'S EDUCATION PRESS

快乐汉语

练习册

第二册

李晓琪　主编

*

人民教育出版社 出版发行

网址：http://www.pep.com.cn

北京天宇星印刷厂印装　全国新华书店经销

*

开本：890 毫米 ×1 240 毫米　1/16　印张：10.5　插页：9

2008 年 6 月第 1 版　2009 年 12 月第 3 次印刷

印数：6 001~12 000 册

ISBN 978 – 7 – 107 – 20796 – 9
G · 13906 （课）　　定价：61.50 元

目 录 CONTENTS

第四单元　学校生活　Unit Four　School Life

第五单元　环境与健康　Unit Five　Environment and Health

第六单元　时尚与娱乐　Unit Six　Fashion and Entertainment

第七单元 媒 体 Unit Seven Media

第八单元 旅游与风俗 Unit Eight Travel and Custom

Appendices

第一课 他是谁

1▷ Use the pinyin given to transcribe the following words.

xìng míngzi shéi péngyou duō huānyíng dìfang nǐmen tāmen

多_____   你们_____   他们_____

谁_____   名字_____   欢迎_____

姓_____   朋友_____   地方_____

2▷ Match the English words with the Chinese equivalents and the pinyin.

who	朋友	nǐmen
many	地方	míngzi
they,them	姓	tāmen
friend	欢迎	péngyou
name	你们	dìfang
place	多	xìng
to be surnamed	名字	shéi
welcome	他们	huānyíng
you	谁	duō

3▷ Write characters according to the pinyin and the number of the strokes.

yǒu 4画						
míng 6画						

1

zì 6画								
xìng 8画								
péng 8画								

4▷ Select the correct pictures from the appendix according to the Chinese, then stick them here.

huānyíng nǐmen
1) 欢 迎 你 们

sān ge péngyou
2) 三 个 朋 友

wǒ de míngzi
3) 我 的 名 字

Mǎ Lìli de jiā
4) 马 丽 丽 的 家

5▷ Put appropriate tones on the following pinyin.

1) 他是谁?   Ta shi shei?

2) 你叫什么名字?   Ni jiao shenme mingzi?

3) 小马家在什么地方?   Xiao Ma jia zai shenme difang?

4) 我有很多朋友。   Wo you hen duo pengyou.

6 ▷ Choose the parts to form characters according to the pinyin.

duō	huān	zì	péng

月	欠
宀	夕
夕	月
又	子

7 ▷ Write the words or phrases with the characters given according to the English.

你	字	友
姓	方	迎
欢	他	们
名	朋	地

they _____ you _____

name _____ friend _____

welcome _____ place _____

surname and given name _____

8 ▷ Choose the correct pictures according to the Chinese.

Tāmen shì wǒ de péngyou.
1) 他 们 是 我 的 朋 友 。( )

A

B

Mǎ Lìli jiā zài Xiānggǎng.
2) 马 丽 丽 家 在 香 港 。( )

A

B

Wǒ xìng Wáng,　wǒ jiào Wáng Xiǎomíng.
3) 我 姓 王 ，我 叫 王 小 明 。（　）

A

B

Wǒ de péngyou jiào Xiǎolóng,　tā shì yǎnyuán.
4) 我 的 朋 友 叫 小 龙 ，他 是 演 员 。（　）

A

B

9▷ Fill in the blanks with the pinyin or characters according to the name cards.

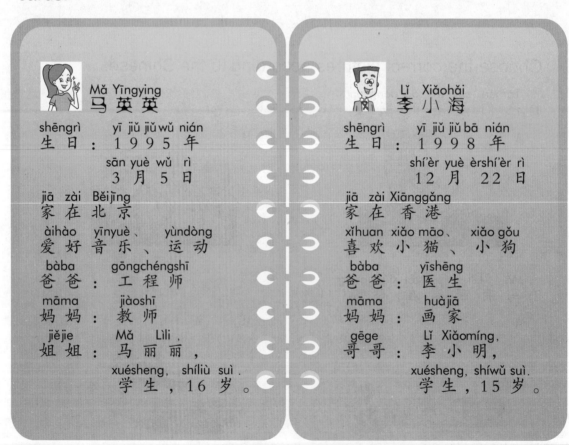

Mǎ Yīngying
马 英 英
shēngrì　　yī jiǔ jiǔ wǔ nián
生 日：1 9 9 5 年
　　　　sān yuè wǔ rì
　　　　3 月 5 日
jiā zài Běijīng
家 在 北 京
àihào　yīnyuè、　yùndòng
爱 好 音 乐 、运 动
bàba　　gōngchéngshī
爸 爸：工 程 师
māma　　jiàoshī
妈 妈：教 师
jiějie　　Mǎ Lìli,
姐 姐：马 丽 丽 ，
xuésheng, shíliù suì.
学 生 ，1 6 岁 。

Lǐ Xiǎohǎi
李 小 海
shēngrì　　yī jiǔ jiǔ bā nián
生 日：1 9 9 8 年
　　　　shí'èr yuè èrshí'èr rì
　　　　12 月 22 日
jiā zài Xiānggǎng
家 在 香 港
xǐhuan　xiǎo māo、　xiǎo gǒu
喜 欢 小 猫 、小 狗
bàba　　yīshēng
爸 爸：医 生
māma　　huàjiā
妈 妈：画 家
gēge　　Lǐ Xiǎomíng,
哥 哥：李 小 明 ，
xuésheng, shíwǔ suì.
学 生 ，1 5 岁 。

1) Nǐ hǎo! Wǒ xìng _____, wǒ jiào Mǎ Yīngying, wǒ de shēngrì shì _____,
你好！我姓____，我叫马英英，我的生日是_____，

wǒ _____ suì le.
我_____岁了。

Wǒ de àihào shì _____ hé yùndòng.
我的爱好是_____和运动。

Wǒ jiā zài _____.
我家在_____。

Wǒ bàba shì gōngchéngshī, wǒ _____ shì jiàoshī.
我爸爸是工程师，我_____是教师。

Wǒ jiějie jiào Mǎ Lìli, tā shì _____, tā _____ suì le.
我姐姐叫马丽丽，她是_____，她_____岁了。

Huānyíng nǐ _____.
欢迎你_____。

2) Lǐ Xiǎohǎi de shēngrì shì _____, tā _____ suì le.
李小海的生日是_____，他_____岁了。

Tā xǐhuan _____ hé _____.
他喜欢_____和_____。

_____ zài Xiānggǎng.
_____在香港。

Tā _____ shì yīshēng, tā māma shì _____.
他_____是医生，他妈妈是_____。

Tā gēge _____ Lǐ Xiǎomíng, tā shì xuésheng.
他哥哥_____李小明，他是学生。

10▷ Choose the correct translations.

1) My name is Ma Lili. I am a student. ( )

A Wǒ xìng jiào Mǎ Lìli, wǒ shì xuésheng.
A 我姓叫马丽丽，我是学生。

B Wǒ de míngzi jiào Mǎ Lìli, wǒ shì xuésheng.
B 我的名字叫马丽丽，我是学生。

2) I live in Beijing. Beijing is a good place. ( )

A Wǒ jiā shì Běijīng, Běijīng shì ge hǎo dìfang.
A 我家是北京，北京是个好地方。

B Wǒ jiā zài Běijīng, Běijīng shì ge hǎo dìfang.
B 我家在北京，北京是个好地方。

3) Welcome you to my family. ( )

A Huānyíng nǐmen lái wǒ jiā.
A 欢迎你们来我家。

B Nǐmen lái wǒ jiā shì huānyíng de.
B 你们来我家是欢迎的。

4) I have many good friends. I like them. ( )

A Wǒ yǒu hǎo péngyou hěn duō, wǒ xǐhuan tāmen.
A 我有好朋友很多，我喜欢他们。

B Wǒ yǒu hěn duō hǎo péngyou, wǒ xǐhuan tāmen.
B 我有很多好朋友，我喜欢他们。

11▷Write more characters.

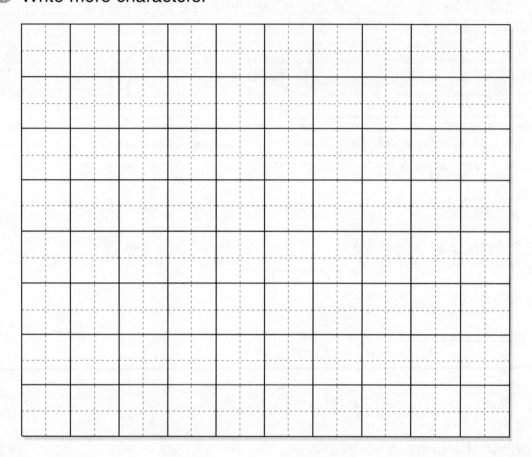

KUAILE HANYU

第二课 她比我高

1▷ Use the pinyin given to transcribe the following words.

> yìshù Fǎyǔ Hànyǔ xièxie Yīngyǔ duō tā shuō gāo bǐ jīnnián

多＿＿＿＿＿＿＿   高＿＿＿＿＿＿＿   今年＿＿＿＿＿＿＿

比＿＿＿＿＿＿＿   法语＿＿＿＿＿＿＿   谢谢＿＿＿＿＿＿＿

她＿＿＿＿＿＿＿   英语＿＿＿＿＿＿＿   汉语＿＿＿＿＿＿＿

说＿＿＿＿＿＿＿   艺术＿＿＿＿＿＿＿

2▷ Match the English words with the Chinese equivalents and the pinyin.

English	汉语	jīnnián
high; tall	说	bǐ
French	她	yìshù
to speak	英语	tā
she, her	高	gāo
Chinese	多	xièxie
how (old,high,etc.)	今年	shuō
than	艺术	duō
this year	法语	Hànyǔ
art	谢谢	Yīngyǔ
thanks	比	Fǎyǔ

3▷ Write characters according to the pinyin and the number of the strokes.

bǐ 4画								
duō 6画								

nián 6画											
shuō 9画											
gāo 10画											

4▷ Select the correct pictures from the appendix according to the Chinese, then stick them here.

gēge bǐ wǒ gāo
1) 哥 哥 比 我 高

Zhōngwén shū bǐ Yīngwén shū duō
2) 中 文 书 比 英 文 书 多

huì shuō Yīngyǔ
3) 会 说 英 语

jīnnián shí'èr suì
4) 今 年 十 二 岁

5▷ Fill in the blanks with the number of the correct word.

duō	gāo	lěng	dà
① 多	② 高	③ 冷	④ 大

Xiǎohóng shíwǔ suì, wǒ shísān suì, tā bǐ wǒ
1) 小 红 十 五 岁 , 我 十 三 岁 , 她 比 我 ___ 。

Jīntiān bǐ zuótiān
2) 今 天 比 昨 天 ___ 。

Lǎoshī de Zhōngwén shū bǐ wǒ de
3) 老 师 的 中 文 书 比 我 的 ___ 。

Jiějie bǐ wǒ   tā xǐhuan yùndòng.
4) 姐 姐 比 我 ___ , 她 喜 欢 运 动 。

6▷ Put appropriate tones on the following pinyin.

1) 我今年十六岁，你呢？　　Wo jinnian shiliu sui, ni ne?

2) 北京比上海冷。　　　　Beijing bi Shanghai leng.

3) 你会说英语吗？　　　　Ni hui shuo Yingyu ma?

4) 你的汉语很好。　　　　Ni de Hanyu hen hao.

7▷ Circle what they don't mention according to the Exercise 1 "Read aloud" in Student's Book(on page 6).

liù suì 六 岁	shíliù suì 十 六 岁	Hànyǔ 汉 语	Yīngyǔ 英 语
yìshù 艺 术	shùxué 数 学	huàjiā 画 家	gōngchéngshī 工 程 师
Xiǎohóng 小 红	Xiǎomíng 小 明	yīshēng 医 生	jīnnián 今 年

8▷ Following the example, put the appropriate words and phrases in the columns.

duō 多	gāo 高	xiǎo 小	dà 大	rè 热	lěng 冷

Xiǎohóng jiā　wǒ jiā
1) 小 红 家　　我 家

Shànghǎi　Běijīng
2) 上 海　　北 京

huǒchēzhàn　fēijīchǎng
3) 火 车 站　　飞 机 场

gēge　jiějie
4) 哥 哥　　姐 姐

Yīngyǔ shū　Hànyǔ shū
5) 英 语 书　　汉 语 书

zuótiān　jīntiān
6) 昨 天　　今 天

Xiǎohóng jiā 小 红 家		wǒ jiā 我 家	dà 大 。
	bǐ 比		

9 ▷ Choose the parts to form characters according to the pinyin.

hàn	yǔ	yì	tā

女	乙
讠	又
艹	吾
氵	也

10 ▷ Write the words or phrases with the characters given according to the English.

英　艺　谢
术　昨　语
今　汉　年
法　谢　天

this year _____ yesterday _____

thanks _____ English _____

art _____ Chinese _____

French _____ today _____

11 ▷ Choose the correct pictures according to the Chinese.

Wǒ huì shuō Yīngyǔ.
1) 我 会 说 英 语 。（ ）

A

B

Bàba jīnnián sìshíwǔ suì.
2) 爸 爸 今 年 四 十 五 岁 。（ ）

A

B

3) Jīntiān bǐ zuótiān lěng.
今 天 比 昨 天 冷 。( )

A

B

4) Dìdi bǐ wǒ gāo.
弟 弟 比 我 高 。( )

A

B

5) Wǒ xǐhuan yìshù.
我 喜 欢 艺 术 。( )

A

B

12▷ Fill in the blanks with the number of the correct picture according to the Chinese.

①

②

③

④

⑤

⑥

Wǒ huì shuō Fǎyǔ.
1) 我 会 说 法 语 。   ( )

Míngtiān bǐ jīntiān rè.
2) 明 天 比 今 天 热 。   ( )

Māma xǐhuan yìshù.
3) 妈 妈 喜 欢 艺 术 。   ( )

Xiǎomíng bǐ wǒ dà.
4) 小 明 比 我 大 。   ( )

Jiějie bǐ wǒ gāo.
5) 姐 姐 比 我 高 。   ( )

de Hànyǔ hěn hǎo.
6) Mike 的 汉 语 很 好 。   ( )

13▷ Choose the correct translations.

1) I can speak English. I can speak Chinese too.   ( )

Wǒ huì shuō Yīngyǔ, huì shuō Hànyǔ yě.
A 我 会 说 英 语 ， 会 说 汉 语 也 。

Wǒ huì shuō Yīngyǔ, yě huì shuō Hànyǔ.
B 我 会 说 英 语 ， 也 会 说 汉 语 。

2) I am sixteen, and you?   ( )

Wǒ jīnnián shíliù suì, nǐ ne?
A 我 今 年 十 六 岁 ， 你 呢 ?

Wǒ jīnnián shíbā suì, nǐ ne?
B 我 今 年 十 八 岁 ， 你 呢 ?

3) My friend is taller than me.   ( )

Wǒ de péngyou bǐ wǒ gāo.
A 我 的 朋 友 比 我 高 。

Wǒ de péngyou gāo bǐ wǒ.
B 我 的 朋 友 高 比 我 。

4) My teacher's Chinese books are more than mine.   ( )

Lǎoshī de Zhōngwén shū duō bǐ wǒ de.
A 老 师 的 中 文 书 多 比 我 的 。

Lǎoshī de Zhōngwén shū bǐ wǒ de duō.
B 老 师 的 中 文 书 比 我 的 多 。

5) My father likes Chinese art, and his Chinese is very good. (　)

      Bàba　xǐhuan Zhōngguó yìshù，　　tā de Hànyǔ hěn hǎo.
A 爸 爸 喜 欢 中 国 艺 术 ，　他 的 汉 语 很 好 。

      Bàba　xǐhuan Zhōngguó yìshù，　　tā hěn hǎo shuō Hànyǔ.
B 爸 爸 喜 欢 中 国 艺 术 ，　他 很 好 说 汉 语 。

14▷ Write more characters.

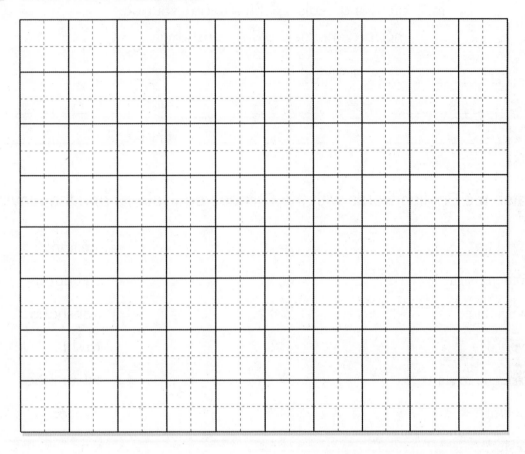

第三课 我的一天

1▷ Use the pinyin given to transcribe the following words.

> fàn qǐchuáng kāishǐ shíjiānbiǎo shuìjiào
> měitiān mèimei dìdi wǎnshang

每天＿＿＿＿＿＿＿＿＿　　开始＿＿＿＿＿＿＿＿＿　　饭＿＿＿＿＿＿＿＿＿

晚上＿＿＿＿＿＿＿＿＿　　弟弟＿＿＿＿＿＿＿＿＿　　起床＿＿＿＿＿＿＿＿＿

睡觉＿＿＿＿＿＿＿＿＿　　妹妹＿＿＿＿＿＿＿＿＿　　时间表＿＿＿＿＿＿＿＿＿

2▷ Match the English words with the Chinese equivalents and the pinyin.

English	Chinese	Pinyin
to get up	睡觉	měitiān
younger sister	晚上	qǐchuáng
meal, dinner	时间表	wǎnshang
every day	饭	kāishǐ
to begin, to start	弟弟	shíjiānbiǎo
evening	起床	shuìjiào
to sleep	妹妹	fàn
younger brother	开始	mèimei
timetable, schedule	每天	dìdi

3▷ Write characters according to the pinyin and the number of the strokes.

chuáng 7画							
fàn 7画							

měi 7画								
qǐ 10画								
shéi 10画								

4 ▷ Select the correct pictures from the appendix according to the Chinese, then stick them here.

qī diǎn qǐchuáng
1) 七点起床

qī diǎn bàn chī fàn
2) 七点半吃饭

bā diǎn kāishǐ shàngkè
3) 八点开始上课

xiàwǔ wǔ diǎn shàngwǎng
4) 下午五点 上网

wǎnshang liù diǎn kàn diànshì
5) 晚上六点看电视

wǎnshang shí diǎn bàn shuìjiào
6) 晚上 十点半睡觉

	Lónglong 龙 龙	Bàba 爸爸
6:30	shuìjiào 睡觉	qǐchuáng 起床
7:00	qǐchuáng 起床	chī zǎofàn 吃早饭
7:30	chī zǎofàn 吃早饭	qù shàngbān 去上班
8:00	qù xuéxiào 去学校	gōngzuò 工作
15:00	qù túshūguǎn 去图书馆	gōngzuò 工作
16:30	kàn Zhōngwén shū 看中文书	hē kāfēi 喝咖啡
20:45	kàn diànshì 看电视	kàn diànshì 看电视
21:50	shuìjiào 睡觉	shàngwǎng 上网

Lónglong měitiān _____ qǐchuáng.
1) 龙龙每天_____起床。

Bàba měitiān _____ chī zǎofàn.
2) 爸爸每天_____吃早饭。

Lónglong měitiān bā diǎn _____.
3) 龙龙每天八点_____。

Bàba xiàwǔ sì diǎn bàn _____.
4) 爸爸下午四点半_____。

Lónglong hé bàba měitiān wǎnshang _____ kàn diànshì.
5) 龙龙和爸爸每天晚上_____看电视。

Bàba měitiān wǎnshang jiǔ diǎn wǔshí _____.
6) 爸爸每天晚上九点五十_____。

6▷ Put appropriate tones on the following pinyin.

1) 星期六早上我八点起床。
   Xingqiliu zaoshang wo ba dian qichuang.

2) 我们七点半开始上课。
   Women qi dian ban kaishi shangke.

3) 下午三点我去图书馆上网。
   Xiawu san dian wo qu tushuguan shangwang.

4) 四点了，我想去喝咖啡。
   Si dian le, wo xiang qu he kafei.

7▷ Tell T(true) or F(false) according to the Exercise 1"Read aloud"in Student's Book (on page10).

Wǒ měitiān zǎoshang qī diǎn qǐchuáng.
1) 我 每 天 早 上 七 点 起 床 。 （ ）

Qī diǎn bàn hē kāfēi.
2) 七 点 半 喝 咖 啡 。 （ ）

Wǒ bā diǎn bàn kāishǐ shàngkè.
3) 我 八 点 半 开 始 上 课 。 （ ）

Wǎnshang qī diǎn kàn diànshì.
4) 晚 上 七 点 看 电 视 。 （ ）

Wǎnshang shí diǎn bàn shuìjiào.
5) 晚 上 十 点 半 睡 觉 。 （ ）

Jīntiān wǎnshang wǒ xiǎng qù kàn diànyǐng.
6) 今 天 晚 上 我 想 去 看 电 影 。 （ ）

8▷ Choose the parts to form characters according to the pinyin.

shuì	shǐ	jiān	mèi	wǎn

目	门
日	女
台	未
免	垂

9▷ Write the words or phrases with the characters given according to the English.

开　上　起
天　睡　时
床　间　始
晚　觉　每

time_____ get up_____

begin_____ sleep_____

evening_____ everyday_____

10▷ Choose the correct pictures according to the Chinese.

Wǒ měitiān liù diǎn bàn qǐchuáng.
1) 我 每 天 六 点 半 起 床 。（ ）

A

B

Bàba zǎoshang qī diǎn chī zǎofàn.
2) 爸爸早上七点吃早饭。（　）

A

B

Wǒ měi ge xīngqīliù wǎnshang qù kàn diànyǐng.
3) 我每个星期六晚上去看电影。（　）

A

B

Míngtiān xiàwǔ wǔ diǎn wǒ qù dǎ wǎngqiú.
4) 明天下午五点我去打网球。（　）

A

B

Shí diǎn le, wǒ qù shuìjiào le.
5) 十点了，我去睡觉了。（　）

A

B

11 Fill in the blanks with the number of the correct picture according to the Chinese.

①   ②   ③   ④   ⑤

      Nǐ měitiān jǐ diǎn qǐchuáng?
1) 你 每 天 几 点 起 床 ？
      Wǒ měitiān qī diǎn qǐchuáng.
     我 每 天 七 点 起 床 。   ( )

      Nǐ jǐ diǎn shàngkè?
2) 你 几 点 上 课 ？
      Wǒ bā diǎn shàngkè.
     我 八 点 上 课 。   ( )

      Nǐ míngtiān jǐ diǎn yǒu Zhōngwénkè?
3) 你 明 天 几 点 有 中 文 课 ？
      Shí diǎn bàn yǒu Zhōngwénkè.
     十 点 半 有 中 文 课 。   ( )

      Nǐ měitiān kàn diànshì ma?
4) 你 每 天 看 电 视 吗 ？
      Wǒ měitiān wǎnshang jiǔ diǎn bàn kàn diànshì.
     我 每 天 晚 上 九 点 半 看 电 视 。   ( )

      Nǐ shénme shíjiān dǎ wǎngqiú?
5) 你 什 么 时 间 打 网 球 ？
      Wǒ xīngqīwǔ xiàwǔ sì diǎn bàn dǎ wǎngqiú.
     我 星 期 五 下 午 四 点 半 打 网 球 。   ( )

12 Choose the correct translations.

1) My father works in a hospital. He is a doctor.   ( )

      Wǒ bàba gōngzuò zài yīyuàn, tā shì yīshēng.
  A 我 爸 爸 工 作 在 医 院 ， 他 是 医 生 。
      Wǒ bàba zài yīyuàn gōngzuò, tā shì yīshēng.
  B 我 爸 爸 在 医 院 工 作 ， 他 是 医 生 。

2) He gets up at 6:30 every morning. He has breakfast at 7:00.   ( )

      Tā měitiān zǎoshang liù diǎn bàn qǐchuáng, qī diǎn chī fàn.
  A 他 每 天 早 上 六 点 半 起 床 ， 七 点 吃 饭 。
      Tā měitiān zǎoshang qǐchuáng liù diǎn bàn, qī diǎn chī fàn.
  B 他 每 天 早 上 起 床 六 点 半 ， 七 点 吃 饭 。

3) She goes to school at 7:30 by bus. She begins to work at 8:00.　(　)

Tā　qī diǎn bàn zuò chē qù xuéxiào,　　kāishǐ gōngzuò bā diǎn.
A 她 七 点 半 坐 车 去 学 校 ， 开 始 工 作 八 点 。

Tā　qī diǎn bàn zuò chē qù xuéxiào,　　bā diǎn kāishǐ gōngzuò.
B 她 七 点 半 坐 车 去 学 校 ， 八 点 开 始 工 作 。

4) Xiaoming watches TV every evening. He goes to bed at 10:00.　(　)

Xiǎomíng kàn diànshì měitiān wǎnshang,　shí diǎn shuìjiào.
A 小 明 看 电 视 每 天 晚 上 ， 十 点 睡 觉 。

Xiǎomíng měitiān wǎnshang kàn diànshì,　shí diǎn shuìjiào.
B 小 明 每 天 晚 上 看 电 视 ， 十 点 睡 觉 。

13▷ Write more characters.

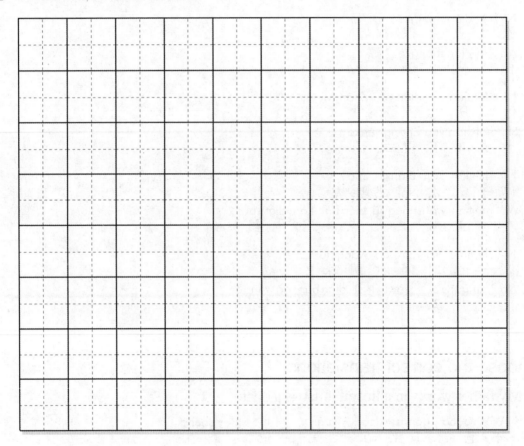

∽ 第四课 我的房间 ∾

1▷ Use the pinyin given to transcribe the following words.

> lǐ yǐzi kètīng chuáng shāfā shū dēng shàng shūjià zhuōzi

里＿＿＿＿＿＿＿＿＿　　　灯＿＿＿＿＿＿＿＿＿　　　上＿＿＿＿＿＿＿＿＿

沙发＿＿＿＿＿＿＿＿　　　桌子＿＿＿＿＿＿＿＿　　　床＿＿＿＿＿＿＿＿＿

客厅＿＿＿＿＿＿＿＿　　　书架＿＿＿＿＿＿＿＿　　　书＿＿＿＿＿＿＿＿＿

椅子＿＿＿＿＿＿＿＿

2▷ Match the English words with the Chinese equivalents and the pinyin.

book	桌子	shū
bed	椅子	chuáng
living room	沙发	lǐ
bookshelf	床	shàng
on	灯	dēng
table	里	shāfā
sofa	客厅	zhuōzi
in, inside	书架	kètīng
chair	上	shūjià
lamp	书	yǐzi

3▷ Write characters according to the pinyin and the number of the strokes.

fā 5画									

lǐ											
7画											
shā											
7画											
jiān											
7画											
de											
8画											

4 ▷ Select the correct pictures from the appendix according to the Chinese, then stick them here.

zhuōzi hé   yǐzi
1) 桌子 和 椅子

diànshì hé shāfā
2) 电 视 和 沙 发

chuáng hé   shūjià
3) 床 和 书 架

Zhōngwén shū hé Yīngwén shū
4) 中 文 书 和 英 文 书

Zhuōzi shang yǒu dēng 、 kèbiǎo、
5) 桌 子 上 有 灯 、 课 表 、
chá   kāfēi 、   qìshuǐ、
茶 、 咖 啡 、 汽 水 、
píngguǒ hé miànbāo.
苹 果 和 面 包 。

6) Kètīng li yǒu shāfā、
客厅里有沙发、
diànshì、   shūjià、
电视、书架、
yǐzi、 dēng、 wǎngqiú
椅子、灯、网球
hé lánqiú.
和篮球。

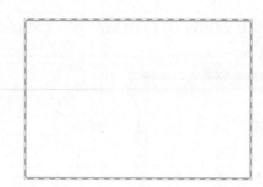

5▷Put appropriate tones on the following pinyin.

1) 房间里有桌子和椅子。
Fangjian li you zhuozi he yizi.

2) 姐姐的房间里有电脑。
Jiejie de fangjian li you diannao.

3) 客厅里有沙发和电视。
Keting li you shafa he dianshi.

4) 书架上有很多中文书。
Shujia shang you hen duo Zhongwen shu.

5) 桌子上有早饭。
Zhuozi shang you zaofan.

6▷Circle what they don't mention according to the Exercise 1 "Read aloud" in Student's Book (on page15).

Zhōngwén shū	Fǎwén shū	Yīngwén shū	diànnǎo
中文书	法文书	英文书	电脑
diànshì	diànyǐng	yīnyuè	shūjià
电视	电影	音乐	书架
chuáng	yǐzi	dēng	shāfā
床	椅子	灯	沙发

7▷Choose the parts to form characters according to the pinyin.

yǐ	kè	tīng	dēng	chuáng

广	奇
厂	宀
各	丁
火	木

8 ▷ Write the words or phrases with the characters given according to the English.

架	椅	发
子	厅	厨
沙	书	桌
间	客	房

room _____ kitchen _____

table _____ living room _____

sofa _____ bookshelf _____

chair _____ house _____

9 ▷ Choose the correct pictures according to the Chinese.

Chúfáng li yǒu miànbāo hé shuǐguǒ.
1) 厨房里有面包和水果。( )

A    B

Zhuōzi shang yǒu chá hé kāfēi.
2) 桌子上有茶和咖啡。( )

A    B

Fángjiān li yǒu chuáng hé yǐzi.
3) 房间里有床和椅子。( )

A    B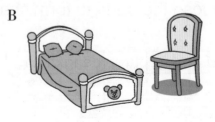

Kètīng li yǒu shāfā hé diànshì.
4) 客厅里有沙发和电视。( )

A 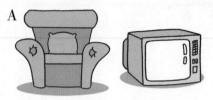　　　　B

Zhège fángjiān li yǒu diànnǎo hé shūjià.
5) 这个房间里有电脑和书架。( )

A 　　　　B

Shūjià shang yǒu dēng hé hěn duō Fǎwén shū.
6) 书架上有灯和很多法文书。( )

A 　　　　B

10▷ Fill in the blanks with the number of the correct picture according to the Chinese.

①　　　　②　　　　③

④　　　　⑤　　　　⑥

Māma de fángjiān li yǒu shénme?
1) 妈妈的房间里有什么？
Māma de fángjiān li yǒu chuáng hé xiǎo shāfā.
妈妈的房间里有床和小沙发。 （ ）

Nǐ de fángjiān li yǒu shénme?
2) 你的房间里有什么？
Wǒ de fángjiān li yǒu zhuōzi hé yǐzi.
我的房间里有桌子和椅子。 （ ）

Zhuōzi shang yǒu shénme?
3) 桌子上有什么？
Zhuōzi shang yǒu dēng hé Zhōngwén shū.
桌子上有灯和中文书。 （ ）

Kètīng li yǒu shénme?
4) 客厅里有什么？
Kètīng li yǒu diànshì hé shāfā.
客厅里有电视和沙发。 （ ）

Shāfā shang yǒu shénme?
5) 沙发上有什么？
Shāfā shang yǒu yì zhī xiǎo gǒu.
沙发上有一只小狗。 （ ）

Shūjià shang yǒu shénme?
6) 书架上有什么？
Shūjià shang yǒu hěn duō shū.
书架上有很多书。 （ ）

11▷Choose the correct translations.

1) There are a table, a chair and a bed in the room. （ ）

Fángjiān li yǒu zhuōzi 、 yǐzi hé chuáng.
A 房间里有桌子、椅子和床。
Zhuōzi 、 yǐzi hé chuáng zài fángjiān li.
B 桌子、椅子和床在房间里。

2) There are a television and a sofa in the living room. （ ）

Kètīng li yǒu diànshì hé shāfā.
A 客厅里有电视和沙发。
Kètīng li zài diànshì hé shāfā.
B 客厅里在电视和沙发。

3) There is a cat on the sofa. （ ）

Shāfā shang zài yì zhī māo.
A 沙发上在一只猫。
Shāfā shang yǒu yì zhī māo.
B 沙发上有一只猫。

4) There is a computer in father's room. His hobby is surfing online.　（　）

      Yǒu diànnǎo zài　bàba　de fángjiān li，　　tā de àihào shì shàngwǎng.
A 有 电 脑 在 爸 爸 的 房 间 里 ， 他 的 爱 好 是 上 网 。

      Bàba　de fángjiān li yǒu diànnǎo，　tā de àihào shì shàngwǎng.
B 爸 爸 的 房 间 里 有 电 脑 ， 他 的 爱 好 是 上 网 。

5) There are some Chinese books and English books in the bookshelf. （　）

      Shūjià shang　yǒu Zhōngwén shū　hé　Yīngwén shū.
A 书 架 上 有 中 文 书 和 英 文 书 。

      Zhōngwén shū　hé　Yīngwén shū zài　shūjià　li.
B 中 文 书 和 英 文 书 在 书 架 里 。

12▷ **Write more characters.**

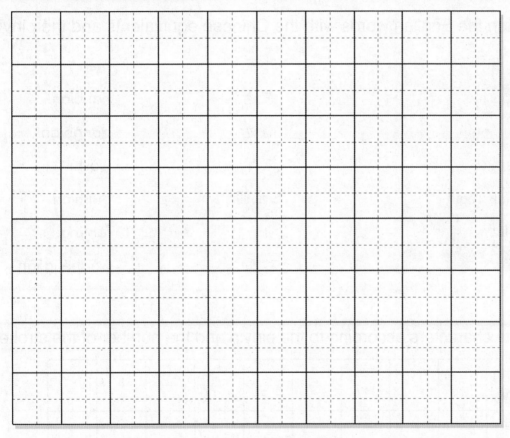

第五课 客厅在南边

1▷ Use the pinyin given to transcribe the following words.

duìmiàn dōngbian nánbian fàntīng mén wèishēngjiān wòshì

门＿＿＿＿＿＿＿＿　　　　东边＿＿＿＿＿＿＿＿＿　　　　南边＿＿＿＿＿＿＿＿

卧室＿＿＿＿＿＿＿　　　　饭厅＿＿＿＿＿＿＿＿＿　　　　对面＿＿＿＿＿＿＿＿

卫生间＿＿＿＿＿＿＿

2▷ Match the English words with the Chinese equivalents and the pinyin.

south	卧室	mén
opposite	东边	nánbian
bedroom	南边	dōngbian
east	饭厅	wòshì
dining room	卫生间	duìmiàn
toilet	门	fàntīng
door	对面	wèishēngjiān

3▷ Write characters according to the pinyin and the number of the strokes.

dōng 5画								
biān 5画								
duì 5画								
miàn 9画								
nán 9画								

4 ▷ Select the correct pictures from the appendix according to the Chinese, then stick them here.

1)　wǒ jiā de kètīng
　　我 家 的 客厅

2)　Xiǎohóng de wòshì
　　小 红 的 卧室

3)　Xiǎohǎi jiā de fàntīng
　　小 海 家 的 饭厅

4)　Míngming jiā de wèishēngjiān
　　明 明 家 的 卫生间

5 ▷ Following the example, put the appropriate words and phrases in the columns.

shuǐguǒ 水果	shāfā 沙发	diànshì 电视	yǐzi 椅子	zhuōzi 桌子	shūjià 书架
qìshuǐ 汽水	dēng 灯	Zhōngwén shū 中文书	chá 茶	chuáng 床	diànnǎo 电脑
Yīngwén shū 英文书	kèbiǎo 课表	miànbāo 面包	kāfēi 咖啡	Fǎwén shū 法文书	mén 门

kètīng 客厅	wòshì 卧室	fàntīng 饭厅	shūjià 书架
shāfā 沙发			

6▷ Fill in the blanks with the number of the correct word.

lǐ	shàng	zài	páng	duì
① 里	② 上	③ 在	④ 旁	⑤ 对

Wèishēngjiān　　　nǎr？
1) 卫 生 间 ___ 哪 儿 ？

Lǐtáng　　yǒu hěn duō　yǐzi.
2) 礼 堂 ___ 有 很 多 椅 子 。

Chuáng　　　yǒu yì zhī xiǎo māo.
3) 床 ___ 有 一 只 小 猫 。

Fàntīng zài kètīng　　biān.
4) 饭 厅 在 客 厅 ___ 边 。

Gēge de wòshì zài wǒ de wòshì　　miàn.
5) 哥 哥 的 卧 室 在 我 的 卧 室 ___ 面 。

7▷ Put appropriate tones on the following pinyin.

1) 卫生间在客厅对面。
   Weishengjian zai keting duimian.

2) 卧室在东边。
   Woshi zai dongbian.

3) 我家有六个房间。
   Wo jia you liu ge fangjian.

4) 饭厅在南边。
   Fanting zai nanbian.

8▷ Tell T(true) or F(false) according to the Exercise 1 "Read aloud" in Student's Book (on page 20).

Wǒ jiā bù hěn dà，　yǒu sān ge fángjiān.
1) 我 家 不 很 大 ， 有 三 个 房 间 。　（　）

Fàntīng zài　kètīng pángbiān.
2) 饭 厅 在 客 厅 旁 边 。　（　）

Wèishēngjiān zài　wòshì duìmiàn.
3) 卫 生 间 在 卧 室 对 面 。　（　）

Kètīng　zài dōngbiān.
4) 客 厅 在 东 边 。　（　）

Fàntīng zài nánbian.
5) 饭 厅 在 南 边 。　（　）

Wèishēngjiān zài dōngbiān.
6) 卫 生 间 在 东 边 。　（　）

9▷ Choose the parts to form characters according to the pinyin.

fàn	duì	wò	shì

臣	亻
至	又
反	宀
寸	卜

10▷ Write the words or phrases with the characters given according to the English.

边　室　饭
客　早　面
卧　厅　东
南　对　旁

breakfast _____ opposite _____

sitting room _____ east _____

bedroom _____ beside _____

south _____ dining room _____

11▷ Choose the correct pictures according to the Chinese.

Zhè shì wǒ jiā de wòshì.
1) 这 是 我 家 的 卧 室 。 (　)

A

B

Fàntīng li yǒu hěn duō shuǐguǒ.
2) 饭 厅 里 有 很 多 水 果 。 (　)

A

B

3) Kètīng de mén zài nánbian.
客厅的门在南边。( )

A
北
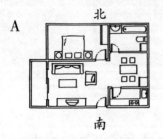
南

B
北
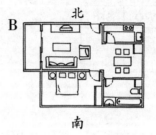
南

4) Wèishēngjiān zài wòshì duìmiàn.
卫生间在卧室对面。( )

A
北
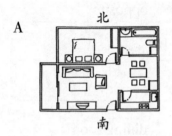
南

B
北
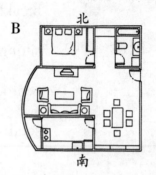
南

5) Bàba māma de wòshì zài dōngbian.
爸爸妈妈的卧室在东边。( )

A
北
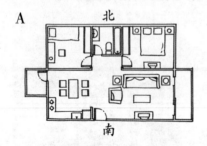
南

B
北
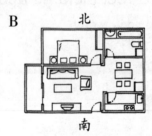
南

12 ▷ **Fill in the blanks with the number of the correct picture according to the Chinese.**

北

南
①

北

南
②

北

南
③

④

⑤

⑥

1) Kètīng zài nǎr?
   客厅在哪儿？
   Kètīng zài niánbian.
   客厅在南边。　（　）

2) Kètīng li yǒu shénme?
   客厅里有什么？
   Kètīng li yǒu shāfā、 diànshì hé yǐzi.
   客厅里有沙发、电视和椅子。　（　）

3) Wǒ xiǎng kàn diànshì, diànshì zài nǎr?
   我想看电视，电视在哪儿？
   Diànshì zài shāfā duìmiàn.
   电视在沙发对面。　（　）

4) Wèishēngjiān zài nǎr?
   卫生间在哪儿？
   Wèishēngjiān zài kètīng dōngbian.
   卫生间在客厅东边。　（　）

5) Fàntīng zài nǎr?
   饭厅在哪儿？
   Fàntīng zài chúfáng xībian.
   饭厅在厨房西边。　（　）

13▷ **Choose the correct translations.**

1) This is my sitting room. Dining room is the opposite.　（　）

   Zhè shì wǒ jiā de kètīng, fàntīng shì kètīng duìmiàn.
   A 这是我家的客厅，饭厅是客厅对面。
   Zhè shì wǒ jiā de kètīng, fàntīng zài kètīng duìmiàn.
   B 这是我家的客厅，饭厅在客厅对面。

2) Kitchen is at east. I have tea at kitchen.　（　）

   Chúfáng shì dōngbian, wǒ hē chá zài chúfáng.
   A 厨房是东边，我喝茶在厨房。
   Chúfáng zài dōngbian, wǒ zài chúfáng hē chá.
   B 厨房在东边，我在厨房喝茶。

3) The toilet is at south, go straight.　（　）

   Wèishēngjiān shì nánbian, zǒu wǎng qián.
   A 卫生间是南边，走往前。
   Wèishēngjiān zài nánbian, wǎng qián zǒu.
   B 卫生间在南边，往前走。

4) My bedroom is at left. My brother's bedroom is at right.　　(　　)

　　　Wǒ　de　wòshì　zài　zuǒbian,　　gēge　de　wòshì　zài　yòubian.
A　我　的　卧　室　在　左　边　,　哥　哥　的　卧　室　在　右　边　。

　　　Wǒ　de　wòshì　shì　zuǒbian,　　gēge　de　wòshì　shì　yòubian.
B　我　的　卧　室　是　左　边　,　哥　哥　的　卧　室　是　右　边　。

14 ▷ Write more characters.

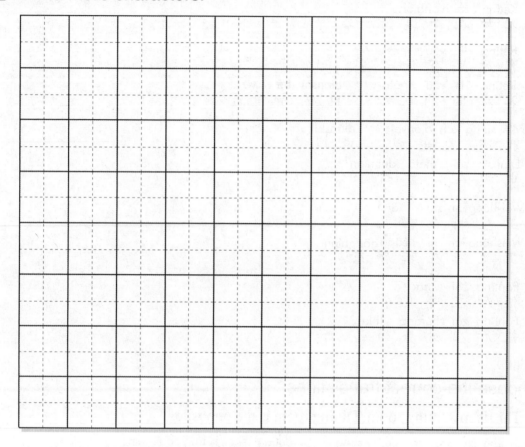

第六课 你家的花园真漂亮

1▷ Use the pinyin given to transcribe the following words.

> jiājù zhēn piàoliang shūzhuō huāyuán
> zhěngqí gānjìng nǐmen de huā

花_____ 真_____ 干净_____

花园_____ 书桌_____ 家具_____

漂亮_____ 整齐_____ 你们的_____

2▷ Match the English words with the Chinese equivalents and the pinyin.

tidy, neat	书桌	nǐmen de
furniture	花园	piàoliang
beautiful	整齐	zhēn
really	你们的	zhěngqí
garden	花	gānjìng
clean	真	jiājù
your, yours	干净	huāyuán
desk	家具	huā
flower	漂亮	shūzhuō

3▷ Write characters according to the pinyin and the number of the strokes.

gān 3画							
hūa 7画							
jìng 8画							

zhuō 10画								
zhēn 10画								

4 ▷ Select the correct pictures from the appendix according to the Chinese, then stick them here.

piàoliang de huāyuán
1) 漂亮的花园

hěn duō huā
2) 很多花

gānjìng de jiājù
3) 干净的家具

zhěngqí de shūzhuō
4) 整齐的书桌

5 ▷ Following the example, put the appropriate words and phrases in the columns.

miànbāo	Zhōngwén shū		guǒzhī	niúnǎi	píngguǒ
面包	中文书		果汁	牛奶	苹果

huā	shāfā	chuáng	diànshì	diànnǎo	zhuōzi
花	沙发	床	电视	电脑	桌子

yǐzi	jiājù	shūjià	lánqiú	wǎngqiú	mén	dēng
椅子	家具	书架	篮球	网球	门	灯

huāyuán li yǒu 花园里有	huā 花
kètīng li yǒu 客厅里有	
wòshì li yǒu 卧室里有	

fàntīng li yǒu 饭 厅 里 有	
shūzhuō shang yǒu 书 桌 上 有	

6▷ Put appropriate tones on the following pinyin.

1) 你家的花园真漂亮！
Ni jia de huayuan zhen piaoliang!

2) 他家的花园里有很多花。
Ta jia de huayuan li you hen duo hua.

3) 姐姐的房间很干净。
Jiejie de fangjian hen ganjing.

4) 哥哥的书架很整齐。
Gege de shujia hen zhengqi.

7▷ Tell T(true) or F(false) according to the Exercise 1"Read aloud" in Student's Book (on page25).

Huāyuán li yǒu hěn duō shuǐguǒ.
1) 花 园 里 有 很 多 水 果。 （　）

Bàba、 māma xǐhuan huā.
2) 爸 爸 、 妈 妈 喜 欢 花。 （　）

Wǒ de fángjiān li méiyǒu yǐzi.
3) 我 的 房 间 里 没 有 椅 子。 （　）

Shūzhuō shang yǒu diànshì.
4) 书 桌 上 有 电 视。 （　）

Shūjià shang yǒu hěn duō shū.
5) 书 架 上 有 很 多 书。 （　）

Wǒ de fángjiān bù hěn zhěngqí.
6) 我 的 房 间 不 很 整 齐。 （　）

8▷ Choose the parts to form characters according to the pinyin.

zhěng	qí	piào	yuán

元	刂
正	冫
票	攴
文	口

9 ▷ Write the words or phrases with the characters given according to the English.

净 书 齐
亮 园 漂
架 干 子
整 花 桌

beautiful _____ garden _____

tidy _____ clean _____

bookshelf _____ table _____

desk _____

10 ▷ Choose the correct pictures according to the Chinese.

Wǒ jiā pángbiān yǒu hěn duō huā.
1) 我 家 旁 边 有 很 多 花。( )

A   B

Kètīng li yǒu shāfā hé diànshì.
2) 客 厅 里 有 沙 发 和 电 视。( )

A   B

Shūzhuō shang yǒu yì zhī xiǎo māo.
3) 书 桌 上 有 一 只 小 猫。( )

A   B

Jiějie de fángjiān hěn zhěngqí.
4) 姐 姐 的 房 间 很 整 齐 。（ ）

A    B

Wǒ jiā de fàntīng zhēn gānjìng!
5) 我 家 的 饭 厅 真 干 净 ！（ ）

A    B

11▷ Select the correct pictures from the appendix according to the Chinese, then stick them here.

Shūzhuō shang yǒu dēng、 shū hé wǒ de kèbiǎo.
1) 书 桌 上 有 灯 、 书 和 我 的 课 表 。

Kètīng li yǒu zhuōzi、 shāfā hé yí ge dà diànshì.
2) 客 厅 里 有 桌 子 、 沙 发 和 一 个 大 电 视 。

Tā jiā de huāyuán li yǒu hěn duō huā.
3) 他家的花园里有很多花。

Zhè shì wǒ de wòshì, yǒu chuáng、shūzhuō hé yǐzi. Shūzhuō shang yǒu
4) 这是我的卧室，有床、书桌和椅子。书桌上有
dēng、shū hé wǒ de kèbiǎo. Wǒ de wòshì hěn gānjìng.
灯、书和我的课表。我的卧室很干净。

Zhè shì wǒ jiā de kètīng, kètīng li yǒu zhuōzi、yǐzi、shāfā hé yí
5) 这是我家的客厅，客厅里有桌子、椅子、沙发和一
ge dà diànshì. Wǒ jiā de kètīng hěn zhěngqí.
个大电视。我家的客厅很整齐。

6) Wǒ jiā de huāyuán li yǒu hěn duō huā. Bàba、 māma xǐhuan huā.
我 家 的 花 园 里 有 很 多 花 。 爸 爸 、 妈 妈 喜 欢 花 。
Wǒ jiā de huāyuán zhēn piàoliang!
我 家 的 花 园 真 漂 亮 !

⌗──────────────────────────────────────┐
│   │
│   │
│   │
│   │
└──────────────────────────────────────┘

⒓▷**Choose the correct translations.**

1) This is our school. It' s big and clean.　　( )

A
Zhè shì wǒmen de xuéxiào.　Wǒmen de xuéxiào hěn dà、 hěn gānjìng.
这 是 我 们 的 学 校 。 我 们 的 学 校 很 大 、 很 干 净 。

B
Zhè shì wǒmen de xuéxiào.　Wǒmen de xuéxiào shì hěn dà hé hěn gānjìng.
这 是 我 们 的 学 校 。 我 们 的 学 校 是 很 大 和 很 干 净 。

2) There are many books in my bookshelf. My bookshelf is very tidy.　 ( )

A
Yǒu hěn duō shū zài wǒ de shūjià.　Wǒ de shūjià shì hěn zhěngqí.
有 很 多 书 在 我 的 书 架 。 我 的 书 架 是 很 整 齐 。

B
Wǒ de shūjià shang yǒu hěn duō shū.　Wǒ de shūjià hěn zhěngqí.
我 的 书 架 上 有 很 多 书 。 我 的 书 架 很 整 齐 。

3) Is this your family' s garden? It' s so beautiful!　 ( )

A
Zhè shì nǐ jiā de huāyuán ma?　Nǐ jiā de huāyuán hěn shì piàoliang!
这 是 你 家 的 花 园 吗 ? 你 家 的 花 园 很 是 漂 亮 !

B
Zhè shì nǐ jiā de huāyuán ma?　Nǐ jiā de huāyuán zhēn piàoliang!
这 是 你 家 的 花 园 吗 ? 你 家 的 花 园 真 漂 亮 !

4) There is a lot of furniture in my house. My house is clean and tidy.　 ( )

A
Yǒu hěn duō jiājù zài wǒmen jiā.　Wǒmen jiā shì gānjìng hé zhěngqí.
有 很 多 家 具 在 我 们 家 。 我 们 家 是 干 净 和 整 齐 。

B
Wǒmen jiā yǒu hěn duō jiājù.　Wǒmen jiā hěn gānjìng, yě hěn zhěngqí.
我 们 家 有 很 多 家 具 。 我 们 家 很 干 净 , 也 很 整 齐 。

13 Write more characters.

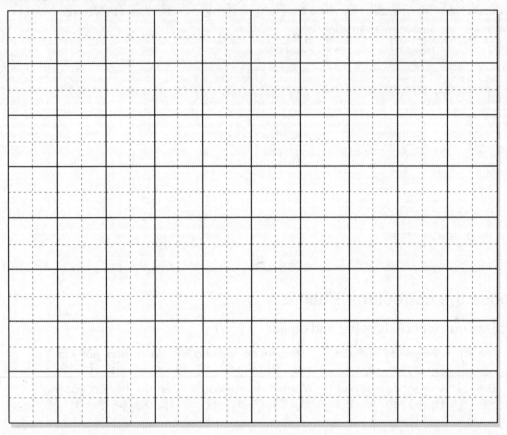

第七课 你买什么

1▷ Use the pinyin given to transcribe the following words.

hái diǎnxin mǎi hé dōngxi shuǐ píng jīn yào

买＿＿＿＿＿＿＿　　水＿＿＿＿＿＿＿　　还＿＿＿＿＿＿＿

斤＿＿＿＿＿＿＿　　瓶＿＿＿＿＿＿＿　　和＿＿＿＿＿＿＿

要＿＿＿＿＿＿＿　　东西＿＿＿＿＿＿＿　　点心＿＿＿＿＿＿＿

2▷ Match the pictures with the Chinese equivalents and the pinyin.

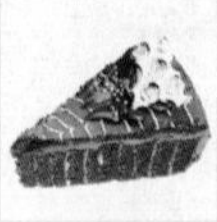 鱼	jīdàn
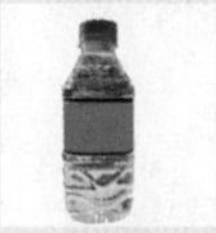 面包	píngguǒ
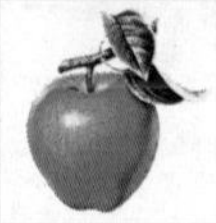 苹果	qìshuǐ
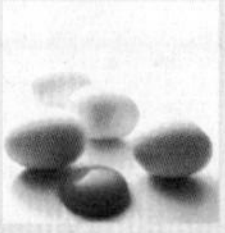 牛奶	yú
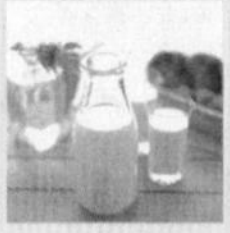 点心	miànbāo
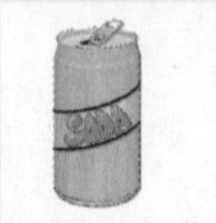 鸡蛋	shuǐ
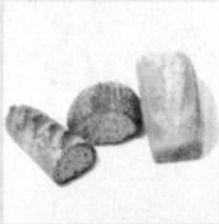 水	diǎnxin
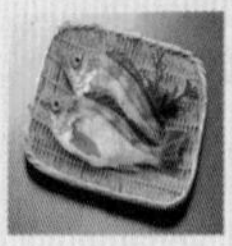 汽水	niúnǎi

3▷Write characters according to the pinyin and the number of the strokes.

jīn 4画										
mǎi **6画**										
xī **6画**										
hái **7画**										
hé **8画**										

4▷Select the correct pictures from the appendix according to the Chinese, then stick them here.

wǔ píng niúnǎi
1) 五 瓶 牛 奶

sān zhī xiǎo gǒu
2) 三 只 小 狗

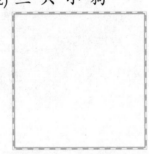

liǎng jīn píngguǒ
3) 两 斤 苹 果

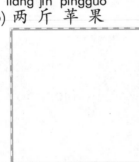

yí ge huāyuán
4) 一 个 花 园

5▷Following the example, put the appropriate words and phrases in the columns.

diǎnxin 点 心	shuǐ 水	miànbāo 面 包	guǒzhī 果 汁	Zhōngwén shū 中 文 书	kāfēi 咖 啡
mǐfàn 米 饭	**miàntiáo** 面 条	**jīdàn** 鸡 蛋	**chá** 茶	**Yīngwén shū** 英 文 书	**diànyǐng** 电 影

| Fǎwén shū
法文书 | niúnǎi
牛奶 | píngguǒ
苹果 | huā
花 | fàn
饭 | hǎixiān
海鲜 |

chī 吃	hē 喝	kàn 看
diǎnxin 点 心		

6▷ Fill in the blanks with the number of the correct word.

| gè
① 个 | píng
② 瓶 | zhī
③ 只 | jīn
④ 斤 |

1) 一 ___ 水
yì   shuǐ

2) 四 ___ 房 间
sì   fáng jiān

3) 两 ___ 小 猫
liǎng   xiǎo māo

4) 五 ___ 苹 果
wǔ   píngguǒ

5) 八 ___ 鸡 蛋
bā   jīdàn

6) 一 ___ 哥 哥
yí   gēge

7) 两 ___ 点 心
liǎng   diǎnxin

8) 三 ___ 面 包
sān   miànbāo

7▷ Put appropriate tones on the following pinyin.

1) 我要买三瓶水。
Wo yao mai san ping shui.

2) 这是什么东西?
Zhe shi shenme dongxi?

3) 我要咖啡，你呢?
Wo yao kafei, ni ne?

4) 他喜欢米饭，不喜欢面条。
Ta xihuan mifan, bu xihuan miantiao.

8▷ Circle what they don't buy according to the Exercise 1"Read aloud"in Student's Book (on page31).

kāfēi 咖啡	diǎnxin 点心	guǒzhī 果汁	shuǐ 水	píngguǒ 苹果	miànbāo 面包
jīròu 鸡肉	niúnǎi 牛奶	qìshuǐ 汽水	jīdàn 鸡蛋	zhūròu 猪肉	miàntiáo 面条

9▷ Choose the parts to form characters according to the pinyin.

hái	hé	píng	yào

禾	女
西	口
不	瓦
辶	并

10▷ Write the words or phrases with the characters given according to the English.

蛋　东　鸡
点　牛　苹
奶　西　心
水　果　汽

apple＿＿＿＿＿＿　　egg＿＿＿＿＿＿＿

thing＿＿＿＿＿＿　　pastries＿＿＿＿＿

milk＿＿＿＿＿＿　　soft drinks＿＿＿＿

fruit＿＿＿＿＿＿

11▷ Choose the correct pictures according to the Chinese.

1) Wǒmen mǎi píngguǒ.
我 们 买 苹果。（　　）

A　　　　　　B　　　　　　C

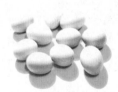

2) Zhuōzi shang yǒu shuǐguǒ hé diǎnxin.
桌子 上 有 水果 和 点心 。（　　）

A　　　　　　B　　　　　　C

3) Wǒ yào mǎi liǎng píng guǒzhī hé yì píng qìshuǐ.
我要买两瓶果汁和一瓶汽水。( )

A  　　B  　　C

4) Tā de xiǎo māo xǐhuan niúnǎi, hái xǐhuan yú.
他的小猫喜欢牛奶，还喜欢鱼。( )

A　　　　B　　　　C

12▷ Fill in the blanks with the number of the correct picture according to the Chinese.

① ② ③

④ ⑤ ⑥

1) Nǐ mǎi shénme?
你买什么？
Wǒ mǎi yì jīn diǎnxin.
我买一斤点心。 ( )

2) Nǐ yào shénme?
你要什么？
Wǒ yào sān píng shuǐ.
我要三瓶水。 ( )

3) Nǐ hái yào shénme?
你还要什么？
Wǒ hái yào liǎng jīn píngguǒ.
我还要两斤苹果。 ( )

Nǐ yào kāfēi ma?
4) 你要咖啡吗？

　　Wǒ bú yào kāfēi, wǒ yào chá.
　　我不要咖啡，我要茶。　　（　）

13> Choose the correct translations.

1) I' m learning Chinese and French.　（　）

　　　Wǒ xuéxí Zhōngwén hái Fǎwén.
　　A 我学习中文还法文。
　　　Wǒ xuéxí Zhōngwén hé Fǎwén.
　　B 我学习中文和法文。

2) I want a bottle of water and a bottle of juice.　（　）

　　　Wǒ yào yì píng shuǐ hé yì píng guǒzhī.
　　A 我要一瓶水和一瓶果汁。
　　　Wǒ yào yì píng shuǐ yě yì píng guǒzhī.
　　B 我要一瓶水也一瓶果汁。

3) What do you like?　（　）

　　　Nǐ yào shénme?
　　A 你要什么？
　　　Shénme nǐ yào?
　　B 什么你要？

4) How many *jin*s of pastries do you want?　（　）

　　　Nǐ yào jǐ jīn diǎnxin?
　　A 你要几斤点心？
　　　Jǐ jīn diǎnxin nǐ yào?
　　B 几斤点心你要？

14> Write more characters.

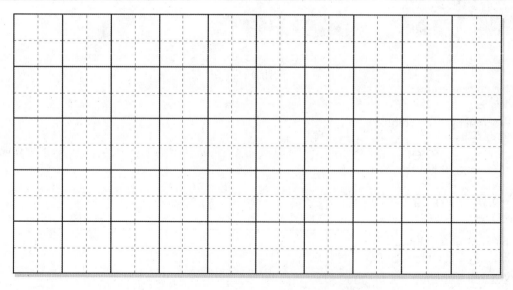

第八课 苹果多少钱一斤

1▷ Use the pinyin given to transcribe the following words.

> kuài duōshao qián máo fēn yígòng líng zhūròu jǐ

钱 _____   鸡 _____   猪肉 _____

分 _____   毛 _____   一共 _____

零 _____   块 _____   多少 _____

2▷ Match the English words with the Chinese equivalents and the pinyin.

zero	块	qián
chicken	分	jǐ
yuan	钱	kuài
money	毛	líng
pork	鸡	fēn
altogether	零	máo
cent	一共	duōshao
ten cents	猪肉	yígòng
how many, how much	多少	zhūròu

3▷ Write characters according to the pinyin and the number of the strokes.

shǎo 4画							
fēn 4画							

gòng 6画											
kuài 7画											
qián 10画											

4▷ Write down the numbers according to the Chinese.

    èrshísì kuài
1) 二 十 四 块＿＿＿＿

    bā kuài liù
2) 八 块 六＿＿＿＿

    qī máo wǔ fēn
3) 七 毛 五 分＿＿＿＿

    wǔ máo
4) 五 毛＿＿＿＿

    liǎng kuài
5) 两 块＿＿＿＿

    shíyī kuài jiǔ máo jiǔ
6) 十 一 块 九 毛 九＿＿＿＿

5▷ Write down the price in Chinese according to the picture.

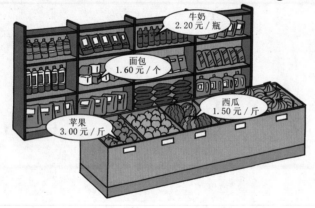

    xīguā
1) 西 瓜＿＿＿＿＿＿
    yì jīn
一 斤

    píngguǒ
2) 苹 果＿＿＿＿＿＿
    yì jīn
一 斤

    niúnǎi
3) 牛 奶＿＿＿＿＿＿
    yì píng
一 瓶

    miànbāo
4) 面 包＿＿＿＿＿＿
    yí gè
一 个

6▷ Fill in the blanks with the words given.

gè	píng	zhī	jīn	kuài
① 个	② 瓶	③ 只	④ 斤	⑤ 块

    liǎng   gǒu
1) 两＿＿狗

    liù   qìshuǐ
2) 六＿＿汽 水

    sān   píngguǒ
3) 三＿＿苹 果

    wǔshí   qián
4) 五 十＿＿钱

    yí   wòshì
5) 一＿＿卧 室

    yí   shūjià
6) 一＿＿书 架

7▷Put appropriate tones on the following pinyin.

1) 请问，果汁多少钱一瓶?
   Qingwen, guozhi duoshao qian yi ping?

2) 我要五斤苹果。
   Wo yao wu jin pingguo.

3) 水一块五一瓶。
   Shui yi kuai wu yi ping.

4) 一共二十八块六。
   Yigong ershiba kuai liu .

8▷Fill in the blanks with the number of the correct word.

duōshao	nǎr	shéi	shénme	jǐ
① 多少	② 哪儿	③ 谁	④ 什么	⑤ 几

   Nǐ de xuéxiào zài
1) 你 的 学 校 在 ___ ?

   Nǐ de shēngrì shì   yuè   hào?
2) 你 的 生 日 是 ___ 月 ___ 号 ?

   Nǐ de Zhōngwén lǎoshī shì
3) 你 的 中 文 老 师 是 ___ ?

   Diǎnxin   qián yì jīn?
4) 点 心 ___ 钱 一 斤 ?

   Qǐngwèn， nǐ yào mǎi
5) 请 问， 你 要 买 ___ ?

   Nǐ jiā zài   dìfang?
6) 你 家 在 ___ 地 方 ?

9▷Circle what they don't buy according to the Exercise 1 "Read aloud" in Student's Book (on page36).

guǒzhī	zhūròu	niúròu	píngguǒ	jī	jīdàn	diǎnxin
果汁	猪肉	牛肉	苹果	鸡	鸡蛋	点心

10▷Choose the parts to form characters according to the pinyin.

qián	kuài	jī	zhū	fēn	líng

土	戋	刀
八	夬	鸟
又	钅	令
雨	犭	者

11 ▷ Write the words or phrases with the characters given according to the English.

小	一	年
果	多	猪
肉	共	今
猫	汁	少

pork_____   juice _____

altogether _____   little cat _____

how much _____   this year_____

12 ▷ Choose the correct pictures according to the Chinese.

1) Píngguǒ duōshao qián yì jīn?
苹果多少钱一斤？（ ）

A    B   C

2) Zhūròu bā kuài sì máo jiǔ yì jīn.
猪肉八块四毛九一斤。（ ）

A   B   C

9.84元/斤   8.94元/斤   8.49元/斤

3) Guǒzhī yígòng shí'èr kuài bā máo.
果汁一共十二块八毛。（ ）

A   B   C

20.80元   12.80元   12.08元

          Wǒ yǒu yí ge gēge,   tā shíbā suì.
4) 我 有 一 个 哥 哥 ， 他 十 八 岁 。( )

   A   B   C

13▷ Choose the correct translations.

1) How much do you want? ( )

    Nǐ yào shénme?   Nǐ yào duōshao?
  A 你 要 什 么 ？   B 你 要 多 少 ？

2) How much is a chicken? ( )

    Jīdàn duōshao qián yí ge?   Jī duōshao qián yì zhī?
  A 鸡 蛋 多 少 钱 一 个 ？   B 鸡 多 少 钱 一 只 ？

3) It's twenty yuan and five cents altogether. ( )

    Yígòng èrshí kuài líng wǔ fēn.   Yígòng èrshí kuài wǔ.
  A 一 共 二 十 块 零 五 分 。 B 一 共 二 十 块 五 。

4) I want one *jin* of pork and a chicken. ( )

    Wǒ yào yì jīn zhūròu,   hé yào yì zhī jī.
  A 我 要 一 斤 猪 肉 ， 和 要 一 只 鸡 。
    Wǒ yào yì jīn zhūròu,   hái yào yì zhī jī.
  B 我 要 一 斤 猪 肉 ， 还 要 一 只 鸡 。

14▷ Write more characters.

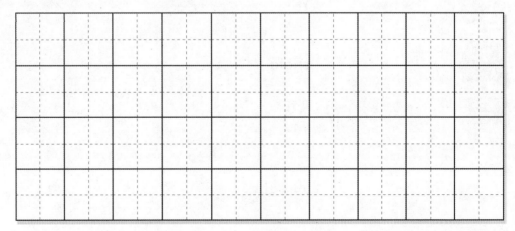

第九课 这件衣服比那件贵一点儿

1▷ Use the pinyin given to transcribe the following words.

> zìxíngchē gēn yíyàng jiàn yīfu guì yìdiǎnr piányi

跟＿＿＿＿＿＿＿　　　贵＿＿＿＿＿＿＿　　　件＿＿＿＿＿＿＿

便宜＿＿＿＿＿＿＿　　衣服＿＿＿＿＿＿＿　　一样＿＿＿＿＿＿＿

一点儿＿＿＿＿＿＿＿　自行车＿＿＿＿＿＿＿

2▷ Match the pictures with the Chinese equivalents and the pinyin.

	dēng	自行车
	chuáng	沙发
	zìxíngchē	桌子
	diànshì	衣服
	yǐzi	床
	shāfā	椅子
	yīfu	书架
	zhuōzi	灯
	shūjià	电视

3▷Select the pictures from the appendix according to the Chinese, then stick them here to decorate the room.

zìxíngchē 自行车   shāfā 沙发   zhuōzi 桌子   yīfu 衣服   chuáng 床

shūjià 书架   dēng 灯   diànshì 电视   yǐzi 椅子   diànnǎo 电脑

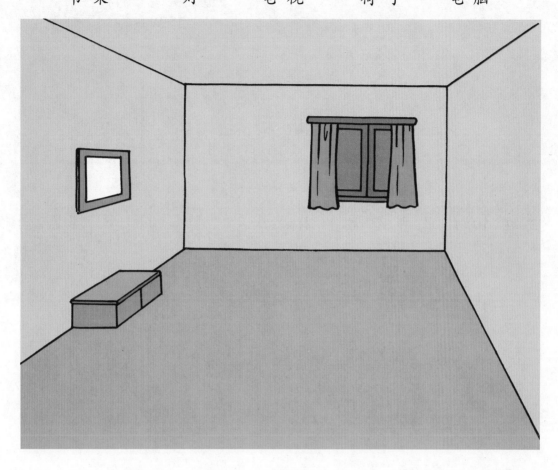

4▷Write characters according to the pinyin and the number of the strokes.

yī 6画										
jiàn 6画										
zì 6画										
xíng 6画										
yàng 10画										

5 ▷ Select the correct pictures from the appendix according to the Chinese, then stick them here.

Zhège fángjiān bǐ nàge fángjiān dà.
1) 这 个 房 间 比 那 个 房 间 大 。

Zhège dēng gēn nàge dēng yíyàng.
2) 这 个 灯 跟 那 个 灯 一 样 。

Zhège huāyuán bǐ nàge huāyuán piàoliang.
3) 这 个 花 园 比 那 个 花 园 漂 亮 。

       Zhè jiàn yīfu bǐ nà jiàn yīfu gānjìng.
4) 这 件 衣 服 比 那 件 衣 服 干 净 。

       Tā de zìxíngchē gēn wǒ de zìxíngchē bù yíyàng.
5) 他 的 自 行 车 跟 我 的 自 行 车 不 一 样 。

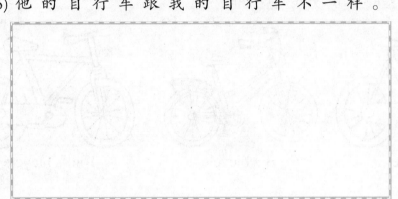

6▷ Fill in the blanks with the number of the correct word.

gè	píng	zhī	jīn	jiàn
①个	②瓶	③只	④斤	⑤件

  liǎng   niúnǎi   yí   huāyuán
1) 两 ___ 牛 奶   2) 一 ___ 花 园

  sān   jī   wǔ   píngguǒ
3) 三 ___ 鸡   4) 五 ___ 苹 果

  liǎng   yīfu   liù   jīdàn
5) 两 ___ 衣 服   6) 六 ___ 鸡 蛋

  yì   xiǎo gǒu   bàn   zhūròu
7) 一 ___ 小 狗   8) 半 ___ 猪 肉

7▷ Put appropriate tones on the following pinyin.

1) 我的自行车很便宜。
   Wo de zixingche hen pianyi.

2) 这件衣服比那件衣服贵。

Zhe jian yifu bi na jian yifu gui.

3) 哥哥的桌子跟我的桌子一样。

Gege de zhuozi gen wo de zhuozi yiyang.

4) 你的房间比我的房间大一点儿。

Ni de fangjian bi wo de fangjian da yidianr.

8▷ Do the following exercises according to the Exercise 1 "Read aloud" in Student's Book (on page 41).

1) Colour the bicycles of the three persons.

A's bicycle   B's bicycle   Tom's bicycle

2) Write down the answers with pinyin.

Tā yǒu jǐ jiàn yīfu?

a) 他 有 几 件 衣 服 ？ _____

Nǎ jiàn yīfu guì yìdiǎnr?

b) 哪 件 衣 服 贵 一 点 儿 ？ _____

Nǎ jiàn yīfu piàoliang?

c) 哪 件 衣 服 漂 亮 ？ _____

Tā xǐhuan nǎ jiàn yīfu?

d) 他 喜 欢 哪 件 衣 服 ？ _____

9▷ Choose the parts to form characters according to the pinyin.

pián	yàng	jiàn	fú	gēn	yí

木	更	𧾷
羊	月	且
亻	牛	宀
艮	亻	艮

10▷ Write the words or phrases with the characters given according to the English.

便　行　样
一　衣　自
服　好　亮
车　漂　宜
干　爱　净

same _____ cheap _____

bicycle _____ clean _____

clothes _____ beautiful _____

hobby _____

11▷ Choose the correct pictures according to the Chinese.

1)　Tā bǐ wǒ dà yìdiǎnr.
　　他 比 我 大 一 点 儿 。（ ）

A

B

C

2)　Píngguǒ liǎng kuài wǔ yì jīn.
　　苹 果 两 块 五 一 斤 。（ ）

A

2.05元/斤
B
2.15元/斤
C
2.50元/斤

3)　Tā jiā de huāyuán méiyǒu wǒ jiā de huāyuán piàoliang.
　　他 家 的 花 园 没 有 我 家 的 花 园 漂 亮 。（ ）

A

B
C

4) Gēge de àihào shì yīnyuè, wǒ de àihào shì diànnǎo yóuxì, wǒmen
哥哥的爱好是音乐，我的爱好是电脑游戏，我们
de àihào bù yíyàng.
的爱好不一样。（　）

A　　　　　　　　　B　　　　　　　　　C

12 Fill in the blanks with the number of the correct picture according to the Chinese.

①　　　　　②　　　　　③　　　　　④　　　　　⑤

1) Wǒ xǐhuan kàn diànshì, nǐ xǐhuan shénme?
我喜欢看电视，你喜欢什么？
Wǒ gēn nǐ yíyàng.
我跟你一样。（　）

2) Nǐ yǒu qìchē ma?
你有汽车吗？
Méiyǒu, wǒ yǒu zìxíngchē.
没有，我有自行车。（　）

3) Nǐ mǎi shénme?
你买什么？
Wǒ mǎi yí jiàn yīfu.
我买一件衣服。（　）

4) Xiànzài nǐ qù nǎr?
现在你去哪儿？
Wǒ qù shàngwǎng.
我去上网。（　）

13 Choose the correct translations.

1) My brother's room is not the same with mine.　（　）

Gēge de fángjiān gēn wǒ de fángjiān yíyàng.
A 哥哥的房间跟我的房间一样。
Gēge de fángjiān gēn wǒ de fángjiān bù yíyàng.
B 哥哥的房间跟我的房间不一样。

2) His bike is better than mine.　　(　　)

　　　　Tā de　zìxíngchē　bǐ wǒ de　zìxíngchē hǎo.
　A 他的 自行车 比我的 自行车 好。
　　　　Tā de　zìxíngchē　méiyǒu wǒ de　zìxíngchē hǎo.
　B 他的 自行车 没有 我的 自行车 好。

3) This clothes is not as cheap as that one.　　(　　)

　　　　Zhè jiàn yīfu　bǐ nà jiàn yīfu　piányi.
　A 这件衣服比那件衣服便宜。
　　　　Zhè jiàn yīfu　méiyǒu nà jiàn yīfu　piányi.
　B 这件衣服没有那件衣服便宜。

4) This bedroom is bigger than that one.　　(　　)

　　　　Zhège wòshì　bǐ nàge wòshì dà.
　A 这个卧室比那个卧室大。
　　　　Zhège wòshì méiyǒu nàge wòshì dà.
　B 这个卧室没有那个卧室大。

5) The desk is a little more expensive than the bookshelf.　　(　　)

　　　　Shūzhuō bǐ shūjià guì yì diǎnr.
　A 书桌比书架贵一点儿。
　　　　Shūjià bǐ shūzhuō guì yì diǎnr.
　B 书架比书桌贵一点儿。

14▷ Write more characters.

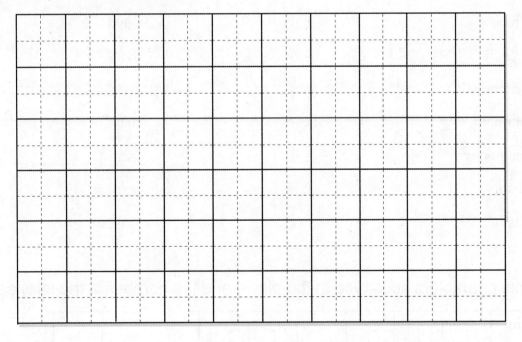

✿ 第十课　你今天上了什么课 ✿

1▷ Use the pinyin given to transcribe the following words.

> Déyǔ le lìshǐ shùxué dìlǐ míngtiān shàng (kè)

数学＿＿＿＿＿＿＿＿　　历史＿＿＿＿＿＿＿＿　　明天＿＿＿＿＿＿＿＿

地理＿＿＿＿＿＿＿＿　　德语＿＿＿＿＿＿＿＿　　了＿＿＿＿＿＿＿＿

上（课）＿＿＿＿＿＿＿＿

2▷ Match the English words with the Chinese equivalents and the pinyin.

P.E.	地理	Hànyǔ
English	法语	Yīngyǔ
Chinese	历史	Fǎyǔ
French	音乐	tǐyù
mathematics	数学	Déyǔ
German	汉语	dìlǐ
geography	英语	lìshǐ
history	德语	shùxué
music	体育	yīnyuè

3▷ Write characters according to the pinyin and the number of the strokes.

le 2画								
lì 4画								

shǐ 5画												
dì 6画												
lǐ 11画												

4▷ Tell T (true) or F (false) according to the timetable.

	星期一	星期二	星期三	星期四	星期五
1	地理	汉语	英语	汉语	历史
2	历史	历史	德语	德语	汉语
3	数学	体育	地理	地理	体育
4	汉语	英语	历史	历史	英语

1) Xīngqīsān wǒ méiyǒu Hànyǔkè.
   星 期 三 我 没 有 汉 语课 。 ( )

2) Xīngqīwǔ wǒ yǒu tǐyùkè.
   星 期 五 我 有 体 育 课 。 ( )

3) Xīngqī'èr wǒ yǒu dìlǐkè hé lìshǐkè.
   星 期 二 我 有 地 理 课 和 历 史 课 。 ( )

4) Xīngqīsì wǒ yǒu Déyǔkè hé lìshǐkè.
   星 期 四 我 有 德 语 课 和 历 史 课 。 ( )

5) Xīngqīyī wǒ méiyǒu tǐyùkè hé Yīngyǔkè.
   星 期 一 我 没 有 体 育 课 和 英 语课 。 ( )

5▷ Put appropriate tones on the following pinyin.

1) 你今天上了什么课?
   Ni jintian shangle shenme ke ?

2) 你明天有什么课?
   Ni mingtian you shenme ke ?

3) 我今天上了历史课。
   Wo jintian shangle lishike.

4) 你明天有数学课吗?
   Ni mingtian you shuxueke ma ?

5) 我明天没有音乐课。
   Wo mingtian meiyou yinyueke.

6▷ Do the following exercises according to the Exercise 1 "Read aloud" in Student's Book (on page 47).

1) Circle the class that they didn't mention.

Hànyǔ	Déyǔ	Yīngyǔ	Fǎyǔ	lìshǐ	shùxué	yīnyuè	tǐyù	dìlǐ
汉语	德语	英语	法语	历史	数学	音乐	体育	地理

2) Write down the answers with pinyin.

Tā shì nǎ guó rén?
a) 他 是 哪 国 人 ？ _____

Tā jīntiān shàngle shénme kè?
b) 他 今 天 上 了 什 么 课 ？ _____

Tā xǐhuan Hànyǔkè ma?
c) 他 喜 欢 汉 语 课 吗 ？ _____

Tā míngtiān yǒu shénme kè?
d) 他 明 天 有 什 么 课 ？ _____

Tā huì shuō shénme yǔ ?
e) 他 会 说 什 么 语 ？ _____

7▷ Choose the parts to form characters according to the pinyin.

yǔ	dì	míng	shù	xué	lǐ

丷	吾	王
夂	也	日
里	娄	讠
子	土	月

8▷ Write the words or phrases with the characters given according to the English.

史	天	育	学
地	体	乐	上
明	数	音	课
语	理	历	德

history_____ geography_____

go to class_____ tomorrow_____

music_____ German _____

P.E. _____ mathematics_____

9▷ Fill in the blanks with the number of the correct picture according to the Chinese.

① ② ③ ④

⑤ ⑥ ⑦ ⑧

Míngtiān nǐ yǒu shénme kè?
1) 明天你有什么课？
   Wǒ yǒu lìshǐkè.
   我有历史课。　（　）

Nǐ jīntiān shàngle shénme kè?
2) 你今天上了什么课？
   Wǒ shàngle yīnyuèkè.
   我上了音乐课。　（　）

Míngtiān nǐ yǒu lìshǐkè ma?
3) 明天你有历史课吗？
   Méiyǒu, wǒ yǒu shùxuékè.
   没有，我有数学课。　（　）

Nǐ huì shuō Déyǔ ma?
4) 你会说德语吗？
   Huì, wǒ huì shuō Déyǔ.
   会，我会说德语。　（　）

Xīngqīwǔ wǒ méiyǒu dìlǐkè, nǐ ne?
5) 星期五我没有地理课，你呢？
   Wǒ yǒu.
   我有。　（　）

10▷ Choose the correct translations.

1) I had music class on Friday. （　）

   Wǒ xīngqīsān shàngle yīnyuèkè.
   A 我星期三上了音乐课。
   Wǒ xīngqīwǔ shàngle yīnyuèkè.
   B 我星期五上了音乐课。

2) I have geography and mathematics tomorrow.　（　）

　　　　Wǒ míngtiān yǒu　　dìlǐkè　　hé　　shùxuékè .
A　我 明 天 有 地 理 课 和 数 学 课 。

　　　　Wǒ míngtiān méiyǒu　　dìlǐkè　　　hé　　shùxuékè .
B　我 明 天 没 有 地 理 课 和 数 学 课 。

3) I don't have Chinese class tomorrow.　（　）

　　　　Míngtiān wǒ méiyǒu　Hànyǔkè .
A　明 天 我 没 有 汉 语 课 。

　　　　Míngtiān wǒ yǒu　Hànyǔkè .
B　明 天 我 有 汉 语 课 。

4) I like P.E. and German class.　（　）

　　　　Wǒ xǐhuan shàng　tǐyùkè ,　　bù xǐhuan shàng　Déyǔkè .
A　我 喜 欢 上 体 育 课 , 不 喜 欢 上 德 语 课 。

　　　　Wǒ xǐhuan shàng　tǐyùkè　hé　Déyǔkè .
B　我 喜 欢 上 体 育 课 和 德 语 课 。

5) I can speak Chinese, and French as well.　（　）

　　　　Wǒ huì shuō Hànyǔ ,　bú huì shuō Fǎyǔ .
A　我 会 说 汉 语 , 不 会 说 法 语 。

　　　　Wǒ huì shuō Hànyǔ ,　yě huì shuō Fǎyǔ .
B　我 会 说 汉 语 , 也 会 说 法 语 。

11▷ Write more characters.

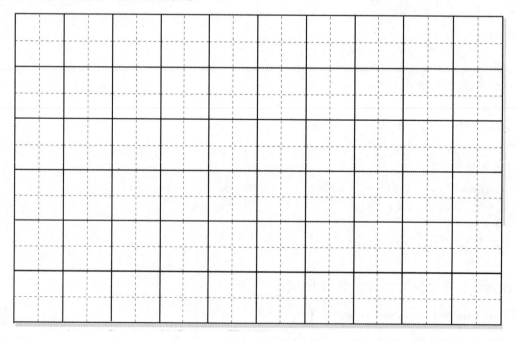

❀ 第十一课 汉语难不难 ❀

1▷ Use the pinyin given to transcribe the following words.

> zuòyè kēmù nán yǒu yìsi kǎoshì zhōngxué róngyì

难＿＿＿＿＿＿＿＿＿＿　　容易＿＿＿＿＿＿＿＿＿＿　　中学＿＿＿＿＿＿＿＿＿＿

考试＿＿＿＿＿＿＿＿＿＿　　作业＿＿＿＿＿＿＿＿＿＿　　科目＿＿＿＿＿＿＿＿＿＿

有意思＿＿＿＿＿＿＿＿＿＿

2▷ Match the English words with the Chinese equivalents and the pinyin.

homework	科目	zuòyè
difficult	作业	yǒu yìsi
subject	难	róngyì
examination	容易	nán
interesting	考试	kēmù
easy	中学	kǎoshì
secondary school	有意思	zhōngxué

3▷ Write characters according to the pinyin and the number of the strokes.

yè 5画							
zuò 7画							
kē 9画							
sī 9画							

yì 13画										

4▷ Fill in the blanks with the number of the subject according to your own situations.

Hànyǔ	Déyǔ	Yīngyǔ	Fǎyǔ	lìshǐ
①汉语	②德语	③英语	④法语	⑤历史

shùxué	yīnyuè	tǐyù	dìlǐ
⑥数学	⑦音乐	⑧体育	⑨地理

yǒu yìsi
有意思
_____

róngyì
容易
_____

zuòyè duō
作业多
_____

nán
难
_____

5▷ Put appropriate tones on the following pinyin.

1) 我们中学的科目很多。
   Women zhongxue de kemu hen duo.

2) 今天有数学作业吗？
   Jintian you shuxue zuoye ma?

3) 历史考试难不难？
   Lishi kaoshi nan bu nan?

4) 地理课很容易。
   Dilike hen rongyi.

5) 音乐课很有意思。
   Yinyueke hen you yisi.

6▷ Do the following exercises according to the Exercise 1 "Read aloud" in Student's Book (on page 52).

1) Write down the answers with pinyin.

   Tā jīntiān shàngle shénme kè? Yǒu yìsi ma?
   a) 他 今 天 上 了 什 么 课？ 有 意 思 吗？
   汉语课，有意思.

   Hànyǔ nán ma?
   b) 汉语难吗？ _不又隹_

Zhōngxué de kēmù duō bù duō?
c) 中 学 的 科 目 多 不 多 ？ _____很多_____

Tā xǐhuan shénme kè?
d) 他 喜 欢 什 么 课 ？ _____汉语课和地理课。_____

2) Tell T (true) or F (false).

jīntiān shàngle Fǎyǔkè.
a) Ann 今 天 上 了 法 语 课 。 (F)

xǐhuan Hànyǔkè, bù xǐhuan shùxuékè.
b) Ann 喜 欢 汉 语 课 ， 不 喜 欢 数 学 课 。 (F)

Hànyǔ zuòyè bù nán.
c) 汉 语 作 业 不 难 。 (T)

Shùxué zuòyè hěn róngyì.
d) 数 学 作 业 很 容 易 。 (F)

7▷ Choose the parts to form characters according to the pinyin.

yì	zuò	kē	sī	shì	nán

禾	心	田
式	亻	斗
讠	又	乍
音	心	隹

8▷ Write the words or phrases with the characters given according to the English.

中　作　思　科
有　学　考　业
容　意　目　试
课　易　上　没

not have _____ examination _____

subject _____ interesting _____

homework _____ go to class _____

easy _____ secondary school _____

9▷ Choose the correct translations.

1) Is the examination difficult? (A)

Kǎoshì nán bù nán ma?
A 考 试 难 不 难 吗 ？

Kǎoshì nán ma?
B 考 试 难 吗 ？

2) Are there much homework today or not?   (B)

Jīntiān zuòyè nán bù nán?
A 今 天 作 业 难 不 难？

Jīntiān zuòyè duō bù duō?
B 今 天 作 业 多 不 多？

3) How much the Chinese homework is!   (A)

Zhōngwén zuòyè zhēn duō!
A 中 文 作 业 真 多！

Zhōngwén zuòyè duōshao?
B 中 文 作 业 多 少？

4) The history class is easy, and it's very interesting.   (A)

Lìshǐkè bù nán,   yě hěn yǒu yìsi.
A 历 史 课 不 难， 也 很 有 意 思。

Lìshǐkè hěn nán,   yě hěn yǒu yìsi.
B 历 史 课 很 难， 也 很 有 意 思。

10▷ Write down the subjects that you like and dislike with pinyin. Tell the reason such as "interesting, easy, much homework" etc.

Hànyǔ	Déyǔ	Yīngyǔ	tǐyù	Fǎyǔ	dìlǐ	lìshǐ	shùxué	yīnyuè
汉语	德语	英语	体育	法语	地理	历史	数学	音乐

	kēmù 科目	wèishénme 为什么 (why)
xǐhuan 喜欢		
bù xǐhuan 不喜欢		

11▷ Write more characters.

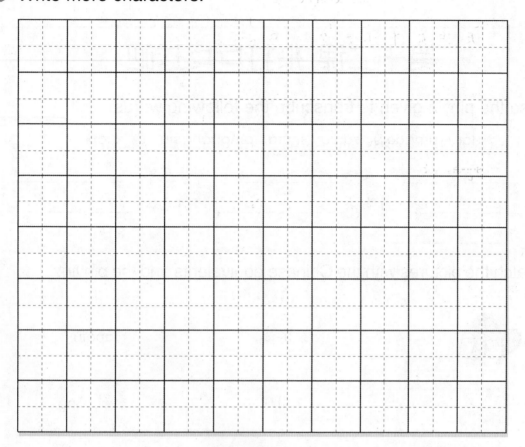

第十二课 来打乒乓球吧

1▷ Use the pinyin given to transcribe the following words.

> lái yǔmáoqiú zúqiú shūfǎ pīngpāngqiú tī xuéxí

来___~~lái~~___ 足球_____ 乒乓球_____

踢_____ 书法_____ 羽毛球_____

学习_____

2▷ Match the pictures with the Chinese equivalents and the pinyin.

游泳		lánqiú
网球		yóuyǒng
篮球		wǎngqiú
足球		zúqiú
乒乓球		pīngpāngqiú
羽毛球		yǔmáoqiú

3▷ Write characters according to the pinyin and the number of the strokes.

xí 3画								
máo 4画								

zú 7画									
lái 7画									
tī 15画									

4▷ Fill in the blanks with the correct characters.

kàn	dǎ	tī	tīng
看	打	踢	听

1) 看 ^{diànyǐng} 电影

2) 打 ^{wǎngqiú} 网球

3) 听 ^{yīnyuè} 音乐

4) 打 ^{lánqiú} 篮球

5) 踢 ^{zúqiú} 足球

6) 看 ^{diànshì} 电视

7) 打 ^{pīngpāngqiú} 乒乓球

8) 打 ^{yǔmáoqiú} 羽毛球

5▷ Put appropriate tones on the following pinyin.

1) 来踢足球吧。
   Lai ti zuqiu ba .

2) 我们去打乒乓球。
   Women qu da pingpangqiu .

3) 你们喜欢不喜欢书法?
   Nimen xihuan bu xihuan shufa ?

4) 我不会打羽毛球。
   Wo bu hui da yumaoqiu .

6▷ Do the following exercises according to the Exercise 1 "Read aloud" in Student's Book (on page 57).

1) Circle the sports that they mentioned.

wǎngqiú　lánqiú　(yǔmáoqiú)　zúqiú　(pīngpāngqiú)
网球　　篮球　　(羽毛球)　足球　　(乒乓球)

2) Tell T (true) or F (false).

a) Mary 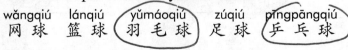 和 小 海 每 天 打 乒 乓 球 。　　(T)

   Lìli bú huì dǎ yǔmáoqiú.

b) 丽 丽 不 会 打 羽 毛 球 。 (F)

   xǐhuan shūfǎ.

c) Ann 喜 欢 书 法 。 (T)

7▷ Choose the parts to form characters according to the pinyin.

tī	qiú	fǎ	lán

竹	求
⻊	易
氵	监
王	去

8▷ Write the words or phrases with the characters given according to the English.

书	每	习
踢	羽	球
学	球	足
天	毛	法

calligraphy _____

to play football _____

to study, to learn _____

badminton _____

every day _____

9▷ Choose the correct pictures according to the Chinese.

  Wǒ xǐhuan dǎ lánqiú.

1) 我 喜 欢 打 篮 球 。 (C)

A   B   C

Wǒ bú huì yóuyǒng.
2) 我 不 会 游泳。(A)

A 　　B 　　C

Wǒ xuéxí diànnǎo.
3) 我 学习 电脑。(B)

A 　　B 　　C

Wǒ měitiān kàn diànshì.
4) 我 每天 看 电视。(A)

A 　　B 　　C

Lái dǎ pīngpāngqiú ba.
5) 来 打 乒乓球 吧。(C)

A 　　B 　　C

10 Choose the correct translations.

1) We're going to the sports ground to play football.   (A)

    Wǒmen qù yùndòngchǎng tī zúqiú.
A 我们去运动场踢足球。
    Wǒmen qù yùndòngchǎng dǎ wǎngqiú.
B 我们去运动场打网球。

2) My hobby is computer games.   (B)

    Wǒ de àihào shì shàngwǎng.
A 我的爱好是上网。
    Wǒ de àihào shì dǎ diànnǎo yóuxì.
B 我的爱好是打电脑游戏。

3) My brother goes to the library to read calligraphy books.   (B)

    Gēge qù túshūguǎn kàn Zhōngwén shū.
A 哥哥去图书馆看中文书。
    Gēge qù túshūguǎn kàn shūfǎ shū.
B 哥哥去图书馆看书法书。

4) We played basketball today.   (A)

    Wǒmen jīntiān dǎle lánqiú.
A 我们今天打了篮球。
    Wǒmen míngtiān dǎ lánqiú.
B 我们明天打篮球。

5) My sister cannot swim.   (A)

    Jiějie bú huì yóuyǒng.
A 姐姐不会游泳。
    Jiějie bù yóuyǒng.
B 姐姐不游泳。

11 Following the example, put the appropriate words and phrases in the columns.

pīngpāngqiú	lánqiú	zúqiú	yīnyuè	diànshì	shū
乒乓球	篮球	足球	音乐	电视	书
diànyǐng	péngyou	huā	kè	wǎngqiú	
电影	朋友	花	课	网球	

kàn 看	dǎ 打	tīng 听	tī 踢
shū 书,电视,书 电影,朋友 花,课	乒乓球, 足球,网球	音乐,课	足球

12 Write more characters.

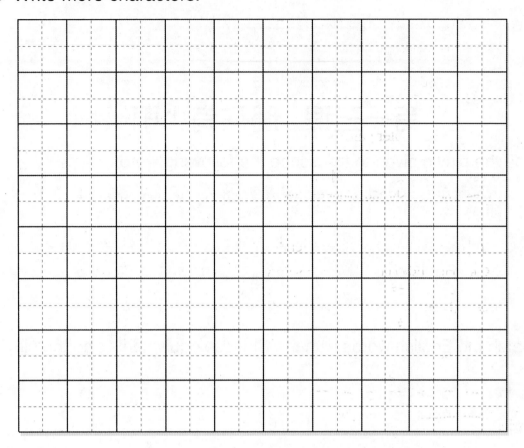

Unit Five Environment and Health
第五单元 环境与健康

∞ 第十三课 明天有小雨 ∞

1▷ Use the pinyin given to transcribe the following words.

chūntiān ~~chángcháng~~ ~~qíngtiān~~ ~~fēng~~ ~~yǔ~~ zuì ~~jìjié~~ qiūtiān

晴天 _qingtian_   雨 _yu_   春天 _chuntian_

常常 _changchang_   风 _feng_   秋天 _qiutian_

季节 _jìjie_   最 _zui_

2▷ Match the English words with the Chinese equivalents and the pinyin.

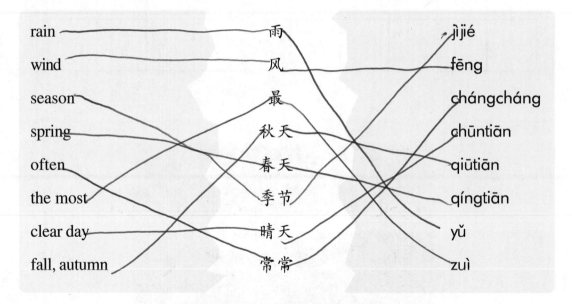

rain	雨	jìjié
wind	风	fēng
season	最	chángcháng
spring	秋天	chūntiān
often	春天	qiūtiān
the most	季节	qíngtiān
clear day	晴天	yǔ
fall, autumn	常常	zuì

3▷ Write characters according to the pinyin and the number of the strokes.

fēng 4画							
míng 8画							
yǔ 8画							

chūn 9画										
zuì 12画										

4▷ Select the correct pictures from the appendix according to the Chinese, then stick them here.

jīntiān shì qíngtiān
1) 今 天 是 晴 天

wǎnshang yǒu xiǎo yǔ
2) 晚 上 有 小 雨

qiūtiān chángcháng guā fēng
3) 秋 天 常 常 刮 风

tā zuì gāo
4) 他 最 高

5▷ Following the example, put the appropriate words and phrases in the columns.

rè xiǎo yǔ xiàtiān lěng dà yǔ qiūtiān fēng chūntiān qíngtiān
热 小 雨 夏 天 冷 大 雨 秋 天 风 春 天 晴 天

jìjié 季 节	tiānqì 天 气
chūntiān 春天,夏天, 秋天 春天,晴天	热,小雨,冷,大雨,风, 晴天

6▷Fill in the blanks with the number of the correct word.

hǎo ① 好	lěng ② 冷	rè ③ 热	gāo ④ 高	duō ⑤ 多

1) xiàtiān zuì
夏 天 最 ___ 热

2) dōngtiān zuì
冬 天 最 ___ 冷

3) tā de péngyou zuì
他 的 朋 友 最 ___ 多

4) gēge shì wǒ jiā zuì ___ de rén
哥 哥 是 我 家 最 高 的 人

5) chūntiān shì zuì ___ de jìjié
春 天 是 最 好 的 季 节

6) qiūtiān bù ___ yě bù ___
秋 天 不 冷 也 不 热

7) bàba de shū zuì ___
爸 爸 的 书 最 多

8) qiūtiān shì Běijīng zuì ___ de jìjié
秋 天 是 北 京 最 好 的 季 节

7▷Put appropriate tones on the following pinyin.

1) 今天是晴天，今天不冷。
Jintian shi qingtian, jintian bu leng.

2) 秋天常常刮风吗?
Qiutian changchang gua feng ma ?

3) 夏天是最好的季节。
Xiatian shi zui hao de jìjie.

4) 明天有小雨，明天不热。
Mingtian you xiao yu, mingtian bu re.

8▷Put "√" in the appropriate blank according to the Exercise1 "Read aloud" in Student's Book(on page 63).

	今天	明天	春天	夏天	秋天
冷					
不冷					√
不热	√				√
晴天		√			
雨				√	
风			√		

9▷ Choose the parts to form characters according to the pinyin.

qíng	qiū	jì	chūn	cháng

禾	青
日	火
夫	吊
丷	子

10▷ Write the words or phrases with the characters given according to the English.

季　雨　天
晴　朋　高
小　春　友
节　最　秋

season＿＿＿＿＿　spring＿＿＿＿＿＿＿

autumn＿＿＿＿＿　clear day＿＿＿＿＿

drizzle＿＿＿＿＿　the tallest＿＿＿＿＿

friend＿＿＿＿＿

11▷ Choose the correct pictures according to the Chinese.

1) Jīntiān shì qíngtiān.
今 天 是 晴 天。 (A)

A 　B 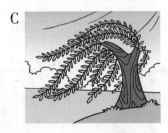　C

2) Chūntiān chángcháng yǒu fēng.
春 天 常 常 有 风。 (B)

A 　B 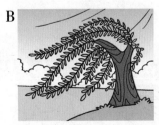　C

3) Qiūtiān shì zuì hǎo de jìjié.
秋天 是 最 好 的 季节 。（ C ）

A

B

C

4) Tā chángcháng yùndòng.
她 常常 运动 。（ A ）

A

B

C

5) Míngtiān lěng, míngtiān yǒu dà yǔ.
明天 冷 ， 明天 有 大 雨 。（ C ）

A

B

C

12 ▷ Fill in the blanks with the number of the correct picture according to the Chinese.

①

②

③

④

⑤

⑥

⑦

Míngtiān shì qíngtiān ma?
1) 明天是晴天吗？

Míngtiān yǒu dà yǔ.
明天有大雨。（2）

Zuótiān lěng ma?
2) 昨天冷吗？

Zuótiān hěn lěng.
昨天很冷。（6）

Běijīng de chūntiān hǎo ma?
3) 北京的春天好吗？

Běijīng de chūntiān chángcháng yǒu fēng.
北京的春天常常有风。（4）

Nǎge jìjié shì zhège dìfang zuì hǎo de jìjié?
4) 哪个季节是这个地方最好的季节？

Xiàtiān shì zhège dìfang zuì hǎo de jìjié.
夏天是这个地方最好的季节。（3）

13▷ Choose the correct translations.

1) Autumn is the best season in Beijing. (A)

Qiūtiān shì Běijīng zuì hǎo de jìjié.
A 秋天是北京最好的季节。

Qiūtiān shì zuì hǎo de jìjié zài Běijīng.
B 秋天是最好的季节在北京。

2) Is it cold tomorrow? (B)

Míngtiān shì lěng ma?
A 明天是冷吗？

Míngtiān lěng ma?
B 明天冷吗？

3) It's always windy in spring. (A)

Chūntiān chángcháng yǒu fēng.
A 春天常常有风。

Chūntiān chángcháng fēng.
B 春天常常风。

4) Whose room is the biggest? (A)

Shéi de fángjiān zuì dà?
A 谁的房间最大？

Shéi de fángjiān dà?
B 谁的房间大？

14▷ Write more characters.

第十四课 在公园里

1▷ Use the pinyin given to transcribe the following words.

háizi nǎinai sànbù yéye gōngyuán pǎo cǎodì hú biān tàijíquán

跑 _pao_   奶奶 _nainai_   爷爷 _yeye_

孩子 _haizi_   公园 _gougyuan_   散步 _sanbu_

草地 _caodi_   湖边 _hu bian_   太极拳 _taijiquan_

2▷ Match the pictures with the Chinese equivalents and the pinyin.

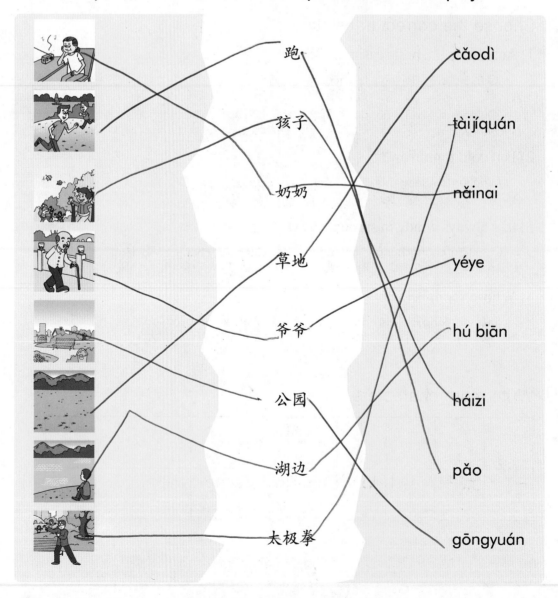

跑   草地   cǎodì

孩子   tàijíquán

奶奶   nǎinai

草地   yéye

爷爷   hú biān

公园   háizi

湖边   pǎo

太极拳   gōngyuán

3 ▷ Write characters according to the pinyin and the number of the strokes.

tài 4画											
nǎi 5画											
yuán 7画											
cǎo 9画											
pǎo 12画											

4 ▷ Select the correct pictures from the appendix according to the Chinese, then stick them here.

yéye sànbù
1) 爷 爷 散 步

nǎinai dǎ tàijíquán
2) 奶 奶 打 太 极 拳

xiǎomāo zài cǎodì shang pǎo
3) 小 猫 在 草 地 上 跑

xiǎo gǒu zài shāfā shang shuìjiào
4) 小 狗 在 沙 发 上 睡 觉

5 ▷ Fill in the blanks with the number of the correct word.

lǐ	shàng	biān
① 里	② 上	③ 边

cǎodì yǒu liǎng ge háizi
1) 草 地 上 有 两 个 孩 子

gōngyuán yǒu hěn duō rén
2) 公 园 里 有 很 多 人

zài hú　　sànbù
3) 在 湖 边 散 步

zài　shāfā　　shuìjiào
4) 在 沙 发 上 睡 觉

zài fángjiān　kàn shū
5) 在 房 间 里 看 书

kètīng　yǒu　shāfā
6) 客 厅 里 有 沙 发

zhuōzi　上　yǒu hěn duō shū
7) 桌 子 上 有 很 多 书

xuésheng zài　jiàoshì　xuéxí
8) 学 生 在 教 室 里 学 习

6▷Put appropriate tones on the following pinyin.

1) 很多孩子在草地上跑。
Hen duo haizi zai caodi shang pao.

2) 你常常在湖边散步吗?
Ni changchang zai hu bian sanbu ma?

3) 奶奶想学习书法。
Nainai xiang xuexi shufa.

4) 爷爷每天在公园里打太极拳。
Yeye meitian zai gongyuan li da taijiquan.

7▷Put "√" in the appropriate blank according to the Exercise 1 "Read aloud" in Student's Book(on page 68).

	奶奶	爷爷	孩子
在公园			
在草地			
在湖边			
散步			
跑			
打太极拳			

8▷Choose the parts to form characters according to the pinyin.

nǎi	hái	pǎo	yuán
biān	cǎo	dì	jí

女	包	土	子
口	早	乃	及
𧾷	力	艹	木
辶	元	也	亥

9▷ Write the words or phrases with the characters given according to the English.

park 公园   child 孩子

lakeside 湖边 often 常常

lawn _____ to take a walk _____

10▷ Choose the correct pictures according to the Chinese.

1) Xiǎo gǒu zài cǎodì shang shuìjiào.
小 狗 在 草 地 上 睡 觉 。 (A)

A   B

2) Yéye zài hú biān sànbù.
爷 爷 在 湖 边 散 步 。 (B)

A   B

3) Nǎinai měitiān zǎoshang dǎ tàijíquán.
奶 奶 每 天 早 上 打 太 极 拳 。 (A)

A   B

Háizi zài chuáng shang kàn shū.
4) 孩子 在 床 上 看 书。(A)

A

B

Gōngyuán li yǒu hěn duō rén.
5) 公 园 里 有 很 多 人。(B)

A

B

11 ▷ Fill in the blanks with the number of the correct picture according to the Chinese.

① ② ③ ④

⑤ ⑥ ⑦

Nǐ jiā de hòubian shì gōngyuán ma?
1) 你 家 的 后 边 是 公 园 吗？
Wǒ jiā de hòubian shì yí ge túshūguǎn.
我 家 的 后 边 是 一 个 图 书 馆。　　(7)

Bàba māma měitiān zài nǎr sànbù?
2) 爸 爸 妈 妈 每 天 在 哪 儿 散 步？
Tāmen měitiān zài hú biān sànbù.
他 们 每 天 在 湖 边 散 步。　　(1)

Wǒ de xiǎo māo zài   nǎr?
3) 我 的 小 猫 在 哪 儿 ？

Nǐ de xiǎo māo zài   shāfā shang shuìjiào.
你 的 小 猫 在 沙 发 上 睡 觉 。   （5）

Nǎinai zǎoshang zài   nǎr   dǎ   tàijíquán?
4) 奶 奶 早 上 在 哪 儿 打 太 极 拳 ？

Nǎinai zài gōngyuán li   dǎ   tàijíquán.
奶 奶 在 公 园 里 打 太 极 拳 。   （2）

Wǒ xiǎng kàn māma de shū.
5) 我 想 看 妈 妈 的 书 。

Māma de shū zài   yǐzi shang.
妈 妈 的 书 在 椅 子 上 。   （4）

12> **Choose the correct translations.**

1) Grandma has a walk in the park everyday. （B）A

  Nǎinai měitiān zài gōngyuán li   sànbù.
A 奶 奶 每 天 在 公 园 里 散 步 。

  Nǎinai zài gōngyuán li   sànbù měitiān.
B 奶 奶 在 公 园 里 散 步 每 天 。

2) There are two kittens in the sofa.   （A）

  Shāfā shang yǒu liǎng zhī xiǎo māo.
A 沙 发 上 有 两 只 小 猫 。

  Shāfā shang yǒu èr zhī xiǎo māo.
B 沙 发 上 有 二 只 小 猫 。

3) Children are running on the lawn.   （B）

  Háizi pǎo zài cǎodì.
A 孩 子 跑 在 草 地 。

  Háizi zài cǎodì shang pǎo.
B 孩 子 在 草 地 上 跑 。

4) There are tables and chairs in the room.   （B）

  Zhuōzi hé yǐzi   yǒu fángjiān li.
A 桌 子 和 椅 子 有 房 间 里 。

  Fángjiān li yǒu zhuōzi hé   yǐzi.
B 房 间 里 有 桌 子 和 椅 子 。

13> **Write more characters.**

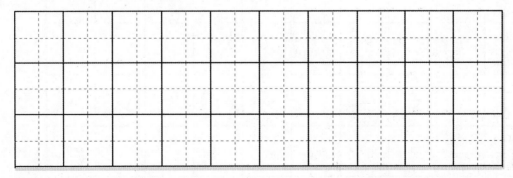

第十五课 我感冒了

1▷ Use the pinyin given to transcribe the following words.

tóu bìng hóng téng yǎnjing shūfu dùzi gǎnmào

病＿＿＿＿＿＿＿ 　头＿＿＿＿＿＿＿ 　舒服＿＿＿＿＿＿＿

红＿＿＿＿＿＿＿ 　眼睛＿＿＿＿＿＿＿ 　肚子＿＿＿＿＿＿＿

疼＿＿＿＿＿＿＿ 　感冒＿＿＿＿＿＿＿

2▷ Match the English words with the Chinese equivalents and the pinyin.

eye	头	bìng
to catch cold	病	shūfu
head	舒服	tóu
to be ill	眼睛	gǎnmào
red	红	dùzi
stomach	感冒	téng
to be well	疼	hóng
ache, pain	肚子	yǎnjing

3▷ Write characters according to the pinyin and the number of the strokes.

tóu 5画									
dù 7画									
fú 8画									
bìng 10画									

téng 10画										

4▷ Select the correct pictures from the appendix according to the Chinese, then stick them here.

1) yǎnjing hěn hóng
眼 睛 很 红

2) dùzi bù shūfu
肚 子 不 舒 服

3) wǒ gǎnmào le
我 感 冒 了

4) qù yīyuàn
去 医 院

5▷ Put the number of the correct word beside the pictures.

① gǎnmào le
感 冒 了　② yǎnjing bù shūfu
眼 睛 不 舒 服　③ tóu téng
头 疼　④ dùzi téng
肚 子 疼

1)  _____

2)  _____

3)  _____

4) _____

KUAILE HANYU

6▷Put appropriate tones on the following pinyin.

1) 你什么地方不舒服？
   Ni shenme difang bu shufu?

2) 她感冒了，头疼，肚子也很疼。
   Ta ganmao le, tou teng, duzi ye hen teng.

3) 我病了，我要去医院。
   Wo bing le, wo yao qu yiyuan.

4) 你眼睛很红，你不舒服吗？
   Ni yanjing hen hong, ni bu shufu ma?

7▷Put "√" in the appropriate blank according to the Exercise 1 "Read aloud" in Student's Book(on page73).

	Míngming 明 明	wǒ 我
tī zúqiú 踢 足 球		
kàn diànyǐng 看 电 影		
dùzi bù shūfu 肚 子 不 舒 服		
yǎnjīng hóng 眼 睛 红		
tóu téng 头 疼		
gǎnmào le 感 冒 了		
bìng le 病 了		
qù yīyuàn 去 医 院		

8▷Choose the parts to form characters according to the pinyin.

shū	qíng	bìng	téng	hóng
yǎn	jīng	gǎn	mào	dù

舍	青	月	冬
疒	土	目	予
咸	艮	日	心
纟	丙	工	日

9 ▷ Write the words or phrases with the characters given according to the English.

眼　感　服
舒　肚　疼
院　睛　医
冒　头　子

comfortable_____ eye_____

catch a cold_____ stomach_____

headache_____ hospital_____

10 ▷ Choose the correct pictures according to the Chinese.

Wǒ bù tī zúqiú, wǒ qù yīyuàn.
1) 我 不 踢 足 球 ， 我 去 医 院 。（ ）

A

B

Tā jīntiān bù shūfu, tóu téng.
2) 他 今 天 不 舒 服 ， 头 疼 。（ ）

A

B

Xiǎohóng de yǎnjing hěn piàoliàng.
3) 小 红 的 眼 睛 很 漂 亮 。（ ）

A

B

4) Bàba zài chuáng shang shuìjiào, tā gǎnmào le.
爸爸在床上睡觉，他感冒了。（ ）

A

B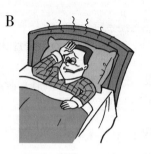

5) Tā dùzi bù shūfu, tā bù xiǎng chī fàn.
她肚子不舒服，她不想吃饭。（ ）

A

B

11▷ **Fill in the blanks with the number of the correct picture according to the Chinese.**

① ② ③

④ ⑤ ⑥

1) Nǐ shénme dìfang bù shūfu?
你什么地方不舒服？
Wǒ dùzi téng.
我肚子疼。 （ ）

2) Yéye qù nǎr?
爷爷去哪儿？
Yéye tóu téng, xiǎng qù hú biān sànbù.
爷爷头疼，想去湖边散步。 （ ）

Nǐ jīntiān bú shàngkè ma?
3) 你 今 天 不 上 课 吗 ?

Wǒ bú shàngkè, wǒ gǎnmào le.
我 不 上 课 , 我 感 冒 了 。 ( )

Wǒmen qù dǎ wǎngqiú ba.
4) 我 们 去 打 网 球 吧 。

Wǒ bú qù, wǒ yǎnjing bù shūfu.
我 不 去 , 我 眼 睛 不 舒 服 。 ( )

Nǐ qù kàn diànyǐng ma?
5) 你 去 看 电 影 吗 ?

Wǒ bìng le, wǒ xiǎng shuìjiào.
我 病 了 , 我 想 睡 觉 。 ( )

12▷Choose the correct translations.

1) I have a stomachache. ( )

Wǒ yǒu dùzi téng.
A 我 有 肚 子 疼 。

Wǒ dùzi téng.
B 我 肚 子 疼 。

2) I don't feel comfortable. I've got a cold. ( )

Wǒ bù shūfu, wǒ gǎnmào.
A 我 不 舒 服 , 我 感 冒 。

Wǒ bù shūfu, wǒ gǎnmào le.
B 我 不 舒 服 , 我 感 冒 了 。

3) He has eaten a lot this morning. His stomach is not comfortable now. ( )

Jīntiān zǎoshang tā chīle hěnduō, xiànzài tā de dùzi bù shūfu.
A 今 天 早 上 他 吃 了 很 多 , 现 在 他 的 肚 子 不 舒 服 。

Jīntiān zǎoshang tā hěnduō chīle, xiànzài tā de dùzi bù shūfu.
B 今 天 早 上 他 很 多 吃 了 , 现 在 他 的 肚 子 不 舒 服 。

4) I have a bad headache. I want to go to the hospital. ( )

Wǒ yǒu hěn tóu téng, wǒ yào qù yīyuàn.
A 我 有 很 头 疼 , 我 要 去 医 院 。

Wǒ tóu hěn téng, wǒ yào qù yīyuàn.
B 我 头 很 疼 , 我 要 去 医 院 。

13▷Write characters with the following radicals as the example.

目	眼
月	
广	

14 Write more characters.

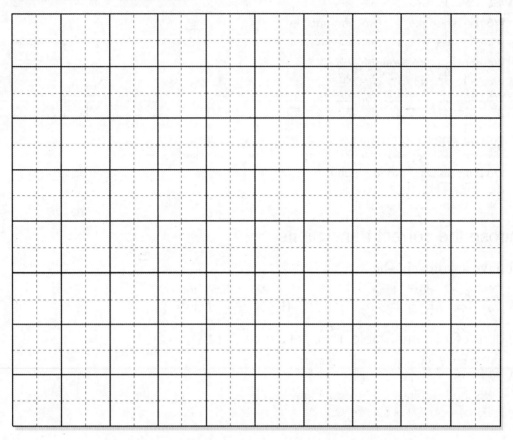

∽ 第十六课　我喜欢你衣服的颜色 ∽

1 ▷Use the pinyin given to transcribe the following words.

yánsè kùzi báisè xié hóngsè xīn lánsè chuān liúxíng yuèláiyuè

新＿＿＿＿＿＿＿＿＿　　白色＿＿＿＿＿＿＿＿＿　　蓝色＿＿＿＿＿＿＿＿＿

鞋＿＿＿＿＿＿＿＿＿　　红色＿＿＿＿＿＿＿＿＿　　颜色＿＿＿＿＿＿＿＿＿

穿＿＿＿＿＿＿＿＿＿　　裤子＿＿＿＿＿＿＿＿＿　　流行＿＿＿＿＿＿＿＿＿

越来越＿＿＿＿＿＿＿＿＿

2 ▷Match the English words with the Chinese equivalents and the pinyin.

red	蓝色	liúxíng
blue	颜色	yánsè
white	红色	kùzi
colour	新	lánsè
shoes	裤子	hóngsè
popular	白色	xīn
trousers	穿	báisè
new	鞋	xié
more and more	流行	yuèláiyuè
put on, wear	越来越	chuān

3 ▷Write characters according to the pinyin and the number of the strokes.

hóng 6画											

sè 6画										
dòng 6画										
yùn 7画										
xīn 13画										

4 ▷ Select the correct pictures from the appendix according to the Chinese, then stick them here.

hěn duō yánsè
1) 很 多 颜 色

hóngsè de píngguǒ
2) 红 色 的 苹 果

lánsè de kùzi
3) 蓝 色 的 裤 子

báisè de yīfu
4) 白 色 的 衣 服

rén yuèláiyuè duō
5) 人 越 来 越 多

xīn xié
6) 新 鞋

5▷Following the example, put the appropriate words and phrases in the columns.

báisè	xié	piàoliang	kùzi	yǒu yìsi	rè	yīfu
白色	鞋	漂亮	裤子	有意思	热	衣服

róngyì	hóngsè	duō	nán	yùndòngxié	xǐhuan	hǎo
容易	红色	多	难	运动鞋	喜欢	好

liúxíng	dà	gāo	lánsè	téng	lěng
流行	大	高	蓝色	疼	冷

yánsè 颜色	chuān 穿	yuèláiyuè 越来越
báisè 白色		

6▷Fill in the blanks with the number of the correct word.

yuèláiyuè	liúxíng	chuān
① 越来越	② 流行	③ 穿

1)
Hànyǔ ___ hǎo
汉语 ___ 好

2)
jīntiān ___ shénme yánsè de yīfu
今天 ___ 什么 颜色 的 衣服

3)
xiànzài ___ hóngsè
现在 ___ 红色

4)
wǒ ___ xǐhuan lánqiú
我 ___ 喜欢 篮球

5)
tiānqì ___ rè
天气 ___ 热

6)
wǒmen ___ báisè de yùndòngxié
我们 ___ 白色 的 运动鞋

7)
jīnnián ___ shénme yánsè
今年 ___ 什么 颜色

8)
tā bù xǐhuan ___ hóngsè de kùzi
她 不 喜欢 ___ 红色 的 裤子

7▷Put appropriate tones on the following pinyin.

1) 你最喜欢什么颜色？
   Ni zui xihuan shenme yanse?

2) 这是今年最流行的运动鞋。
   Zhe shi jinnian zui liuxing de yundongxie.

3) 他们穿白色的衣服，我们穿蓝色的衣服。
   Tamen chuan baise de yifu, women chuan lanse de yifu.

4) 我们的汉语课越来越有意思。
   Women de Hanyuke yuelaiyue you yisi.

5) 我的新朋友越来越多。
   Wo de xin pengyou yuelaiyue duo.

8▷Tell T (true) or F (false) according to the Exercise 1 "Read aloud" in Student's Book (on page 79).

1) Ann 的 衣 服 很 漂 亮 。   ( )
   <small>de yīfu hěn piàoliang</small>

2) 今 天 我 们 踢 足 球 。   ( )
   <small>Jīntiān wǒmen tī zúqiú</small>

3) 我 们 班 穿 红 色 的 运 动 鞋 。   ( )
   <small>Wǒmen bān chuān hóngsè de yùndòngxié</small>

4) 他 们 班 穿 白 色 的 运 动 鞋 。   ( )
   <small>Tāmen bān chuān báisè de yùndòngxié</small>

5) 我 们 四 点 开 始 踢 足 球 , 越 来 越 多 的 人 来 看 。 ( )
   <small>Wǒmen sì diǎn kāishǐ tī zúqiú, yuèláiyuè duō de rén lái kàn</small>

9▷Choose the parts to form characters according to the pinyin.

hóng	kù	xié	liú
yuè	xīn	lán	chuān

纟	库	衤	斤
革	充	氵	工
走	戈	亲	牙
艹	圭	宀	监

10▷Write the words or phrases with the characters given according to the English.

衣	颜	蓝
来	流	越
色	红	子
裤	行	服

colour_____   red _____

clothes _____   blue_____

popular_____   trousers_____

more and more_____

Choose the correct pictures according to the Chinese.

Jīntiān chuān báisè de yùndòngxié.
1) 今天 穿 白色 的 运 动 鞋 。（　）

A    B

Zuótiān wǒ mǎile xīn xié.
2) 昨天 我 买 了 新 鞋 。（　）

A    B

Huāyuán li de huā yuèláiyuè duō.
3) 花 园 里 的 花 越 来 越 多 。（　）

A    B

Shāfā shang yǒu sān jiàn hóng yīfu.
4) 沙 发 上 有 三 件 红 衣服 。（　）

A    B

12▷ Fill in the blanks with the number of the correct picture according to the Chinese.

① ② ③

④ ⑤ ⑥

1) Jiějie zuì xǐhuan shénme yánsè?
姐 姐 最 喜 欢 什 么 颜 色 ？
Jiějie zuì xǐhuan hóngsè.
姐 姐 最 喜 欢 红 色 。 （ ）

2) Huāyuán li de huā shì shénme yánsè de?
花 园 里 的 花 是 什 么 颜 色 的 ？
Hěn duō yánsè.
很 多 颜 色 。 （ ）

3) Nǐ jīntiān chuān zhè jiàn yīfu ma?
你 今 天 穿 这 件 衣 服 吗 ？
Wǒ jīntiān chuān báisè de yīfu, bù chuān lánsè de yīfu.
我 今 天 穿 白 色 的 衣 服 ， 不 穿 蓝 色 的 衣 服 。（ ）

4) Zhè shì gēge de yùndòngxié ma?
这 是 哥 哥 的 运 动 鞋 吗 ？
Bú shì, zhè shì wǒ de yùndòngxié.
不 是 ， 这 是 我 的 运 动 鞋 。 （ ）

5) Zuótiān māma mǎile yí jiàn lánsè de yīfu.
昨 天 妈 妈 买 了 一 件 蓝 色 的 衣 服 。
Zhè shì jīnnián zuì liúxíng de yánsè.
这 是 今 年 最 流 行 的 颜 色 。 （ ）

13▷ Choose the correct translations.

1) What colour do you like the best? （ ）
Nǐ xǐhuan shénme yánsè zuì hǎo?
A 你 喜 欢 什 么 颜 色 最 好 ？
Nǐ zuì xǐhuan shénme yánsè?
B 你 最 喜 欢 什 么 颜 色 ？

2) I like the colour of his clothing.　( )

Wǒ xǐhuan tā yīfu de yánsè.
A　我 喜 欢 他 衣 服 的 颜 色 。

Wǒ xǐhuan yánsè tā de yīfu.
B　我 喜 欢 颜 色 他 的 衣 服 。

3) Our Chinese lesson is getting more and more interesting.　( )

Wǒmen de Hànyǔkè yuèláiyuè yǒu yìsi.
A　我 们 的 汉 语 课 越 来 越 有 意 思 。

Wǒmen de Hànyǔkè zuì yǒu yìsi.
B　我 们 的 汉 语 课 最 有 意 思 。

4) My elder brother likes Beijing better and better.　( )

Wǒ gēge xǐhuan Běijīng yuèláiyuè hǎo.
A　我 哥 哥 喜 欢 北 京 越 来 越 好 。

Wǒ gēge yuèláiyuè xǐhuan Běijīng.
B　我 哥 哥 越 来 越 喜 欢 北 京 。

14▷ Colour the pictures as you like, and then say how many colours you used.

15▷ Write more characters.

第十七课 我跟爸爸一样喜欢京剧

1 ▷ Use the pinyin given to transcribe the following words.

> jīngjù lǎoniánrén piào biǎoyǎn jùyuàn
> gāoxìng chàngpiàn niánqīngrén

剧院_____ 京剧_____ 表演_____

票_____ 高兴_____ 唱片_____

年轻人_____ 老年人_____

2 ▷ Match the pictures with the Chinese equivalents and the pinyin.

老年人		jùyuàn
年轻人		jīngjù
高兴		lǎoniánrén
剧院		gāoxìng
京剧		biǎoyǎn
唱片		niánqīngrén
票		chàngpiàn
表演		piào

3▷ Write characters according to the pinyin and the number of the strokes.

lǎo 6画								
xìng 6画								
jù 10画								
chàng 11画								
piào 11画								

4▷ Select the correct pictures from the appendix according to the Chinese, then stick them here.

1)
jīngjù biǎoyǎn
京 剧 表 演

2)
niánqīngrén mǎi yīnyuè chàngpiàn
年 轻 人 买 音 乐 唱 片

3)
lǎoniánrén mǎi jīngjù piào
老 年 人 买 京 剧 票

4)
tā gāoxìng   tā bù gāoxìng
她 高 兴 ， 他 不 高 兴

5▷ Following the example, put the appropriate words and phrases in the columns.

jùyuàn	jīngjù	biǎoyǎn	chàngpiàn	diànyǐngyuàn	diànyǐng piào
剧 院	京 剧	表 演	唱 片	电 影 院	电 影 票

diànyǐng	huǒchēzhàn	diànshì	yīfu	yīyuàn	fēijīchǎng
电 影	火 车 站	电 视	衣 服	医 院	飞 机 场

jiàoshì 教室　diànnǎo 电脑　diànshì 电视　jiémù 节目　　zìxíngchē 自行车　huā 花　shū 书　yīnyuè 音乐			
qù 去	kàn 看	tīng 听	mǎi 买
jùyuàn 剧院			

6 ▷ Fill in the blanks with the number of the correct word.

yíyàng ① 一样	bǐ ② 比	méiyǒu ③ 没有

wǒ gēn bàba　　xǐhuan jīngjù
1) 我 跟 爸 爸＿＿ 喜 欢 京 剧

jīntiān　　zuótiān lěng
2) 今 天＿＿ 昨 天 冷

gēge　　wǒ gāo
3) 哥 哥＿＿ 我 高

Fǎyǔ　　Hànyǔ nán
4) 法 语＿＿ 汉 语 难

tā de zìxíngchē gēn wǒ de zìxíngchē bù
5) 他 的 自 行 车 跟 我 的 自 行 车 不＿＿

diànshì　　diànyǐng hǎokàn
6) 电 视＿＿ 电 影 好 看

zhè jiàn yīfu　　nà jiàn piàoliang
7) 这 件 衣 服＿＿ 那 件 漂 亮

tā gēn wǒ　　xǐhuan Hànyǔkè
8) 他 跟 我＿＿ 喜 欢 汉 语 课

7 ▷ Put appropriate tones on the following pinyin.

1) 今天晚上他们去剧院看表演。
   Jintian wanshang tamen qu juyuan kan biaoyan.

2) 爸爸跟妈妈一样喜欢音乐唱片。
   Baba gen mama yiyang xihuan yinyue changpian.

3) 电影票没有京剧票贵。
   Dianying piao meiyou jingju piao gui.

4) 年轻人跟老年人一样喜欢京剧吗？
   Nianqingren gen laonianren yiyang xihuan jingju ma?

8▷ Put "√" in the appropriate blank according to the Exercise 1 "Read aloud" in Student's Book(on page 86).

	bàba 爸爸	wǒ 我
xǐhuan jīngjù 喜欢京剧		
xīngqīliù qù kàn jīngjù 星期六去看京剧		
yǒu piào 有票		
gāoxìng 高兴		
kāichē 开车		

9▷ Choose the parts to form characters according to the pinyin.

jù	chàng	yuàn
piào	qīng	yǎn

氵	刂	居	示
口	完	西	至
阝	昌	车	寅

10▷ Write the words or phrases with the characters given according to the English.

高　年　片
院　剧　老
轻　表　人
演　兴　唱

theatre _____

record _____

performance _____

happy, glad _____

young people _____

old people _____

11▷ Choose the correct pictures according to the Chinese.

Wǒ hé bàba qù jùyuàn kàn biǎoyǎn.
1) 我 和 爸爸 去 剧 院 看 表 演 。( )

A 　　B

Tā méiyǒu piào, tā bù gāoxìng.
2) 他 没 有 票 ，他 不 高 兴 。 ( )

A 　　B

Tā xiǎng zuò jīngjù yǎnyuán.
3) 她 想 做 京剧 演 员 。( )

A 　　B

Niánqīngrén bù xǐhuan kàn zhège diànyǐng.
4) 年 轻 人 不 喜 欢 看 这 个 电 影 。( )

A 　　B

5) 我 跟 朋 友 一 样 喜 欢 打 太 极 拳 。( )

Wǒ gēn péngyou yíyàng xǐhuan dǎ tàijíquán.

A

B

12 ▷ Fill in the blanks with the number of the correct picture according to the Chinese.

① ② ③ ④

⑤ ⑥ ⑦

Nǐ yě xǐhuan kàn jīngjù ma?
1) 你 也 喜 欢 看 京 剧 吗?
Wǒ bù xǐhuan kàn jīngjù, wǒ xǐhuan kàn diànyǐng.
我 不 喜 欢 看 京 剧 ， 我 喜 欢 看 电 影 。 ( )

Yéye xiǎng qù kàn jīngjù, tā yǒu piào ma?
2) 爷 爷 想 去 看 京 剧 ， 他 有 票 吗?
Wǒmen zuótiān mǎile piào, wǒ yě qù.
我 们 昨 天 买 了 票 ， 我 也 去 。 ( )

Lǎoniánrén xǐhuan tàijíquán, niánqīngrén yě xǐhuan tàijíquán ma?
3) 老 年 人 喜 欢 太 极 拳 ， 年 轻 人 也 喜 欢 太 极 拳 吗?
Niánqīngrén gēn lǎoniánrén yíyàng xǐhuan tàijíquán.
年 轻 人 跟 老 年 人 一 样 喜 欢 太 极 拳 。( )

Wǒ qù jùyuàn mǎi piào, piào guì ma?
4) 我 去 剧 院 买 票 ， 票 贵 吗?
Piào bú guì, hěn piányi.
票 不 贵 ， 很 便 宜 。 ( )

Tā xiǎng zuò jīngjù yǎnyuán ba?
5) 她 想 做 京 剧 演 员 吧?
Tā hěn xǐhuan jīngjù biǎoyǎn, xiǎng zuò jīngjù yǎnyuán.
她 很 喜 欢 京 剧 表 演 ， 想 做 京 剧 演 员 。 ( )

13▷Choose the correct translations.

1) I'll go to the theatre to buy tickets tomorrow.　( )

    Míngtiān wǒ qù jùyuàn mǎi piào.
  A 明天我去剧院买票。

    Wǒ qù jùyuàn mǎi piào míngtiān.
  B 我去剧院买票明天。

2) We are going to see that new movie. My little brother is very happy.　( )

    Wǒmen qù kàn xīn diànyǐng,　wǒ dìdi hěn gāoxìng.
  A 我们去看新电影，我弟弟很高兴。

    Wǒmen qù kàn nàge diànyǐng,　wǒ dìdi hěn gāoxìng.
  B 我们去看那个电影，我弟弟很高兴。

3) He likes Chinese as much as I do.　( )

    Tā gēn wǒ yíyàng xǐhuan Zhōngwén.
  A 他跟我一样喜欢中文。

    Tā xǐhuan Zhōngwén yíyàng gēn wǒ.
  B 他喜欢中文一样跟我。

4) Young people like sports and old people are the same.　( )

    Niánqīngrén xǐhuan yùndòng,　lǎoniánrén yíyàng.
  A 年轻人喜欢运动，老年人一样。

    Niánqīngrén gēn lǎoniánrén yíyàng xǐhuan yùndòng.
  B 年轻人跟老年人一样喜欢运动。

14▷Write more characters.

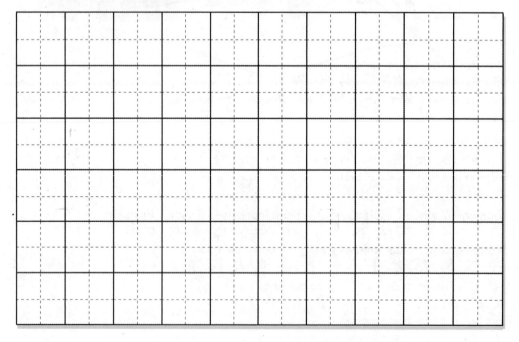

𝕊 第十八课 音乐会快要开始了 ℂ

1▷ Use the pinyin given to transcribe the following words.

> tīng dìng piào huí dōu kuàiyào xiūxi yīnyuèhuì

快要 _kuai yao_   都 _dou_   听 _Ting_

订票 _ding piao_   休息 _xiuxi_   回 _hui_

音乐会 _yinyuehui_

2▷ Match the English words with the Chinese equivalents and the pinyin.

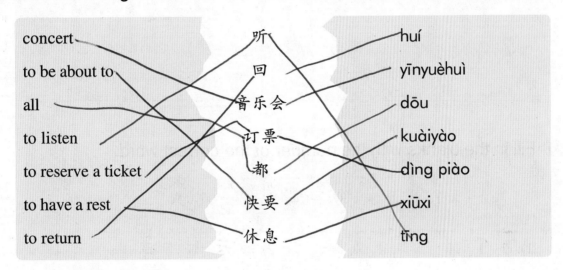

concert   听   huí

to be about to   回   yīnyuèhuì

all   音乐会   dōu

to listen   订票   kuàiyào

to reserve a ticket   都   dìng piào

to have a rest   快要   xiūxi

to return   休息   tīng

3▷ Write characters according to the pinyin and the number of the strokes.

dìng 4画									
huí 6画									
xiū 6画									
kuài 7画									
tīng 7画									

4▷ Select the correct pictures from the appendix according to the Chinese, then stick them here.

diànyǐng kuàiyào kāishǐ le
1) 电 影 快 要 开 始 了

bā diǎn qù tīng yīnyuèhuì
2) 八 点 去 听 音 乐 会

shàngwǎng dìng piào
3) 上 网 订 票

měitiān dōu yǒu zuòyè
4) 每 天 都 有 作 业

5▷ Fill in the blanks with the number of the correct word.

gè	tiān	nián	jiàn	píng	zhī
① 个	② 天	③ 年	④ 件	⑤ 瓶	⑥ 只

měi   háizi dōu hěn gāoxìng
1) 每 **个** 孩 子 都 很 高 兴

měi   dōu yǒu kè
2) 每 **天** 都 有 课

měi   dōu huí Zhōngguó
3) 每 **年** 都 回 中 国

měi   shāfā dōu hěn shūfu
4) 每 **个** 沙 发 都 很 舒 服

měi   yīfu dōu hěn guì
5) 每 **件** 衣 服 都 很 贵

měi   xiǎo gǒu dōu hěn piàoliang
6) 每 **只** 小 狗 都 很 漂 亮

měi   niúnǎi dōu bú rè
7) 每 **瓶** 牛 奶 都 不 热

měi   jiàoshì dōu hěn gānjìng
8) 每 **个** 教 室 都 很 干 净

6▷ Put appropriate tones on the following pinyin.

1) 音乐会快要开始了，我们走吧。
Yinyuehui kuaiyao kaishi le, women zou ba.

2) 你现在回家吗?
Ni xianzai hui jia ma?

3) 星期六有京剧表演，我要上网订票。
   Xingqiliu you jingju biaoyan, wo yao shangwang ding piao.

4) 每个人都很喜欢中国音乐。
   Mei ge ren dou hen xihuan Zhongguo yinyue.

7▷ Choose the correct answers according to the Exercise1 "Read aloud" in Student's Book(on page 92).

Jīntiān xīngqī jǐ?
1) 今天星期几？　（B）　A星期日　B星期六
　　　　　　　　　　　　　　xīngqīrì　　xīngqīliù

Jīntiān yǒu kè ma?
2) 今天有课吗？　（B）　A有　　　　B没有
　　　　　　　　　　　　　　yǒu　　　　méiyǒu

Yīnyuèhuì jǐ diǎn kāishǐ?
3) 音乐会几点开始？　（A）　A八点　　　B七点
　　　　　　　　　　　　　　　bā diǎn　　qī diǎn

Měi ge dōu hěn hǎo ma?
4) 每个CD都很好吗？　（B）　A一个很好　B都很好
　　　　　　　　　　　　　　　　　yí ge hěn hǎo　dōu hěn hǎo

Tā mǎile shénme?
5) 他买了什么？　（A）
Zhōngguó yīnyuè de
A中国音乐的CD　　B音乐会的票
　　　　　　　　　　　yīnyuèhuì de piào

8▷ Choose the parts to form characters according to the pinyin.

yīn	dōu	huì	kuài	huí
音	都	~~邮~~会	快	回
tīng	piào	yào	xiū	
听	票	要	休	

立	阝	人	夬
者	斤	忄	日
口	女	西	云
亻	示	口	木

9▷ Write the words or phrases with the characters given according to the English.

回	音	休	乐
订	家	要	息
快	会	票	开
每	始	天	年

to have a rest　休息

concert　音乐会　go home　回家

to reserve a ticket　订票

to be about to　快要

begin　开始　everyday　每天

every year　每年

10 Choose the correct pictures according to the Chinese.

Bǐsài kuàiyào kāishǐ le.
1) 比赛 快要 开始 了 。(A)

A

B

Wǒ bú qù Yīngguó, wǒ huí Zhōngguó.
2) 我 不 去 英国 ， 我 回 中国 。(A)

A

B

Jīngjù biǎoyǎn wǎnshang bā diǎn kāishǐ.
3) 京剧 表演 晚上 八点 开始 。(A)

A

B

Bàba méiyǒu gōngzuò, tā zài xiūxi.
4) 爸爸 没有 工作 ， 他 在 休息 。(B)

A

B

Wǒ bú qù mǎi piào, wǒ shàngwǎng dìng piào.
5) 我 不 去 买 票， 我 上 网 订 票。(B)

A   B

11▷ Fill in the blanks with the number of the correct picture according to the Chinese.

①   ②   ③

④   ⑤   ⑥

Nǐmen bān qù tǐyùguǎn kàn tàijíquán biǎoyǎn ma?
1) 你 们 班 去 体 育 馆 看 太 极 拳 表 演 吗？
Wǒmen bān qù.
我 们 班 去。 (2)

Nǐ xīngqījǐ yǒu Hànyǔkè?
2) 你 星 期 几 有 汉 语 课？
Wǒ měitiān dōu yǒu Hànyǔkè.
我 每 天 都 有 汉 语 课。 (4)

Nǐmen zěnme dìng piào?
3) 你 们 怎 么 订 票？
Wǒ shàngwǎng dìng piào.
我 上 网 订 票。 (5)

Diànyǐng kāishǐ le ma?
4) 电 影 开 始 了 吗？
Diànyǐng kuàiyào kāishǐ le.
电 影 快 要 开 始 了。 (6)

KUAILE HANYU

Choose the correct translations.

1) We all want to go to China.　( )

　　　 Wǒmen dōu xiǎng qù Zhōngguó.
A　我 们 都 想 去 中 国 。

　　　 Dōu wǒmen xiǎng qù Zhōngguó.
B　都 我 们 想 去 中 国 。

2) The music lesson is about to begin.　( )

　　　 Yīnyuèhuì kuàiyào kāishǐ le.
A　音 乐 会 快 要 开 始 了 。

　　　 Yīnyuèkè kuàiyào kāishǐ le.
B　音 乐 课 快 要 开 始 了 。

3) All the rooms are very clean.　( )

　　　 Dōu fángjiān hěn gānjìng.
A　都 房 间 很 干 净 。

　　　 Měi ge fángjiān dōu hěn gānjìng.
B　每 个 房 间 都 很 干 净 。

4) Let's go home to have a rest.　( )

　　　 Wǒmen huí jiā xiūxi ba.
A　我 们 回 家 休 息 吧 。

　　　 Wǒmen huí jiā yǒu xiūxi.
B　我 们 回 家 有 休 息 。

13▷Write characters with the following radicals as the example.

亻	休
口	
讠	

14▷Write more characters.

第十九课 我跟你一起看

1 ▷ Use the pinyin given to transcribe the following words.

hǎo tiānqì yùbào xīnwén bǐsài yìqǐ shíhou jiàoyù

新闻_____   预报_____   一起_____

天气_____   时候_____   比赛_____

好_____   教育_____

2 ▷ Match the English words with the Chinese equivalents and the pinyin.

education	好	shíhou
weather	一起	hǎo
forecast	预报	jiàoyù
together	比赛	yùbào
time	教育	tiānqì
match	新闻	bǐsài
news	天气	yìqǐ
okay, all right	时候	xīnwén

3 ▷ Write characters according to the pinyin and the number of the strokes.

qì 4画									
bào 7画									
shí 7画									

tǐ 7画									
yù 8画									

4 ▷ Select the correct pictures from the appendix according to the Chinese, then stick them here.

kàn diànshì jiémù
1) 看 电 视 节 目

kàn jīngjù
2) 看 京 剧

dǎ lánqiú
3) 打 篮 球

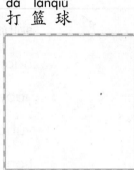

zúqiú bǐsài
4) 足 球 比 赛

5 ▷ Fill in the blanks with the number of the correct word.

北京电视台		
17：00	18：00	20：30
tǐyù jiémù ①体 育 节 目	diànyǐng ②电 影	xīnwén ③新 闻
20：45	20：50	21：30
tiānqì yùbào ④天 气 预 报	jiàoyù jiémù ⑤教 育 节 目	jīngjù ⑥京 剧

Bàba wǎnshang bā diǎn bàn kàn diànshì, tā kàn
1) 爸 爸 晚 上 八 点 半 看 电 视 ， 他 看 _____ 。

Māma wǎnshang jiǔ diǎn bàn kàn
2) 妈 妈 晚 上 九 点 半 看 _____ 。

Wǒ xiàwǔ wǔ diǎn kàn
3) 我 下 午 五 点 看 _____ 。

Jiějie wǎnshang liù diǎn kàn diànshì, tā kàn
4) 姐姐晚上六点看电视，她看_____。

Nǎinai wǎnshang bā diǎn sìshíwǔ kàn
5) 奶奶晚上八点四十五看_____。

Gēge wǎnshang bā diǎn wǔshí kàn
6) 哥哥晚上八点五十看_____。

6▷ **Put appropriate tones on the following pinyin.**

1) 我喜欢看天气预报。
   Wo xihuan kan tianqi yubao.

2) 体育节目五点半开始。
   Tiyu jiemu wu dian ban kaishi.

3) 我常常看篮球比赛。
   Wo changchang kan lanqiu bisai.

4) 爸爸和妈妈一起看京剧。
   Baba he mama yiqi kan jingju.

7▷ **Choose the correct answers according to the Exercise1 "Read aloud" in Student's Book(on page 99).**

Jīntiān wǎnshang yǒu shénme diànshì jiémù?
1) 今天晚上有什么电视节目？（ ）

xīnwén jiémù hé tǐyù jiémù
A 新闻节目和体育节目

lìshǐ jiémù hé tǐyù jiémù
B 历史节目和体育节目

Xǐhuan kàn tiānqì yùbào ma?   xǐhuan   bù xǐhuan
2) 喜欢看天气预报吗？（ ） A 喜欢   B 不喜欢

Xiǎng kàn shénme jiémù?   xīnwén jiémù   tǐyù jiémù
3) 想看什么节目？（ ） A 新闻节目 B 体育节目

Lánqiú bǐsài shénme shíhou kāishǐ?
4) 篮球比赛什么时候开始？（ ）

bā diǎn   bā diǎn bàn
A 八点   B 八点半

Wǒ hé bàba xǐhuan kàn shénme bǐsài?
5) 我和爸爸喜欢看什么比赛？（ ）

yǔmáoqiú   zúqiú
A 羽毛球   B 足球

Māma xǐhuan kàn shénme jiémù?
6) 妈妈喜欢看什么节目？（ ）

jiàoyù jiémù   lánqiú bǐsài
A 教育节目   B 篮球比赛

8 ▷ Choose the parts to form characters according to the pinyin.

jiào	yù	hǎo	qǐ

予	夊
己	子
女	孝
页	走

9 ▷ Write the words or phrases with the characters given according to the English.

比	育	天
报	教	新
时	赛	预
闻	气	候

match _____   time _____

forecast _____   weather _____

education _____   news _____

10 ▷ Choose the correct pictures according to the Chinese.

Wǒ xǐhuan kàn diànshì jiémù.
1) 我 喜 欢 看 电 视 节 目 。（　）

A

B

Wǒ gēn bàba yì qǐ kàn zúqiú bǐsài.
2) 我 跟 爸 爸 一 起 看 足 球 比 赛 。（　）

A

B

Māma xǐhuan kàn tiānqì yùbào.
3) 妈妈喜欢看天气预报。（ ）

A

B

Yǔmáoqiú bǐsài jiǔ diǎn kāishǐ.
4) 羽毛球比赛九点开始。（ ）

A

B

Jiějie cháng gēn māma yìqǐ kàn lìshǐ jiémù.
5) 姐姐常跟妈妈一起看历史节目。（ ）

A

B

11 ▷ Fill in the blanks with the number of the correct picture according to the Chinese.

①

②

③

KUAILE HANYU

④

⑤

⑥

Nǐ xǐhuan kàn shénme diànshì jiémù?
1) 你喜欢看什么电视节目？

Wǒ xǐhuan kàn xīnwén.
我喜欢看新闻。 （ ）

Lánqiú bǐsài shénme shíhou kāishǐ?
2) 篮球比赛什么时候开始？

Bā diǎn kāishǐ.
八点开始。 （ ）

Nǐ shénme shíhou qù mǎi jīngjù piào?
3) 你什么时候去买京剧票？

Wǒ xiàwǔ wǔ diǎn qù.
我下午五点去。 （ ）

Nǐ cháng kàn jiàoyù jiémù ma?
4) 你常看教育节目吗？

Wǒ xǐhuan kàn jiàoyù jiémù, wǒ cháng kàn.
我喜欢看教育节目，我常看。 （ ）

12▷ **Choose the correct translations.**

1) I like watching TV and movies. （ ）

Wǒ xǐhuan kàn diànshì, yě xǐhuan kàn diànyǐng.
A 我喜欢看电视，也喜欢看电影。

Wǒ xǐhuan kàn diànyǐng, bù xǐhuan kàn diànshì.
B 我喜欢看电影，不喜欢看电视。

2) I often watch the Chinese programmes with my classmates. （ ）

Wǒ cháng gēn tóngxué yìqǐ kàn Zhōngwén jiémù.
A 我常跟同学一起看中文节目。

Wǒ cháng gēn tóngxué yìqǐ kàn Fǎyǔ jiémù.
B 我常跟同学一起看法语节目。

3) When will the football match begin? （ ）

Lánqiú bǐsài jǐ diǎn kāishǐ?
A 篮球比赛几点开始？

Zúqiú bǐsài jǐ diǎn kāishǐ?
B 足球比赛几点开始？

4) I don't like playing basketball. （ ）

Wǒ bù xǐhuan dǎ lánqiú.
A 我不喜欢打篮球。

Wǒ bù xǐhuan tī zúqiú.
B 我不喜欢踢足球。

13▷ Write characters with the following radicals as the example.

才　打 _____

日　_____

女　_____

14▷ Write more characters.

第二十课 他的表演好极了

1▷ Use the pinyin given to transcribe the following words.

> jǐ Fǎguó guójì Ōuzhōu Yàzhōu yīnwèi
> tāmen de yǒumíng suǒyǐ

亚洲 _Yazhou_   欧洲 _Ouzhou_   因为 _yinwei_

国际 _gooji_   有名 _yooming_   极 _ji_

所以 _suoyi_   法国 _Fagoo_   他们的 _Tamen de_

2▷ Match the English words with the Chinese equivalents and the pinyin.

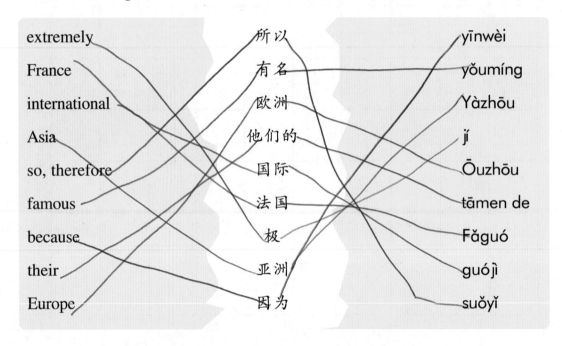

extremely · France · international · Asia · so, therefore · famous · because · their · Europe

所以 · 有名 · 欧洲 · 他们的 · 国际 · 法国 · 极 · 亚洲 · 因为

yīnwèi · yǒumíng · Yàzhōu · jǐ · Ōuzhōu · tāmen de · Fǎguó · guójì · suǒyǐ

3▷ Write characters according to the pinyin and the number of the strokes.

wèi 4画								
yǐ 4画								
yīn 6画								

jǐ 7画										
suǒ 8画										

4 ▷ Select the correct pictures from the appendix according to the Chinese, then stick them here.

Ōuzhōu yǒumíng de yǎnyuán
1) 欧 洲 有 名 的 演 员

Yàzhōu yǒumíng de diànyǐng
2) 亚 洲 有 名 的 电 影

Chángchéng hěn yǒumíng
3) 长 城 很 有 名

gēn gēge yìqǐ kàn biǎoyǎn
4) 跟 哥 哥 一 起 看 表 演

5 ▷ Fill in the blanks with the number of the correct pictures according to the Chinese.

①

②

③

④

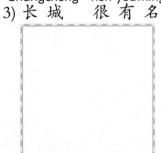

⑤

⑥

1) 因为 喜欢 __4__，所以 我 常常 看 他 的 电影。
Yīnwèi xǐhuan suǒyǐ wǒ chángcháng kàn tā de diànyǐng.

2) 因为 常常 听 __3__，所以 我 常 看 音乐 节目。
Yīnwèi chángcháng tīng suǒyǐ wǒ cháng kàn yīnyuè jiémù.

3) 因为 今天 我 __1__，所以 我 不 去 上 课 了。
Yīnwèi jīntiān wǒ suǒyǐ wǒ bú qù shàngkè le.

4) 因为 __6__里 有 很 多 有 意思 的 书，所以 我 常 去 看 书。
Yīnwèi li yǒu hěn duō yǒu yìsi de shū, suǒyǐ wǒ cháng qù kàn shū.

5) 因为 __2__，所以 今天 我 们 不 在 运动场 上 体育 课。
Yīnwèi suǒyǐ jīntiān wǒmen bú zài yùndòngchǎng shàng tǐyùkè

6) 因为 喜欢 中国 __5__，所以 哥哥 学习 汉语。
Yīnwèi xǐhuan Zhōngguó suǒyǐ gēge xuéxí Hànyǔ.

6▷ Put appropriate tones on the following pinyin.

1) 这个演员的表演好极了！
Zhege yanyuan de biaoyan hao ji le!

2) 这个电影是欧洲的。
Zhege dianying shi Ouzhou de.

3) 因为今天我不舒服，所以我不去了。
Yinwei jintian wo bu shufu, suoyi wo bu qu le.

4) 她是亚洲的。
Ta shi Yazhou de.

7▷ Choose the correct answers according to the Exercise 1 "Read aloud" in Student's Book (on page104).

1) A 去 看 了 成 龙 演 的 __A__。 A 电影 B 电视
qù kànle Chéng Lóng yǎn de diànyǐng diànshì

2) 成 龙 的 表演 __B__。 A 不 太 好 B 好 极 了
Chéng Lóng de biǎoyǎn bú tài hǎo hǎo jí le

3) 成 龙 是 __A__ 的 演员。 A 亚洲 B 欧洲
Chéng Lóng shì de yǎnyuán Yàzhōu Ōuzhōu

4) B __A__ 想 看 成 龙 的 电影。 A 也 B 不
xiǎng kàn Chéng Lóng de diànyǐng. yě bù

5) 现在 电影 院 有 一 个 __A__ 电影。 A 法国 B 美国
Xiànzài diànyǐngyuàn yǒu yí ge diànyǐng Fǎguó Měiguó

6) 我 今天 __B__ 课。 A 没 有 B 有
Wǒ jīntiān kè. méiyǒu yǒu

7) 我 __B__ 去 看 电影。 A 今 天 B 明 天
Wǒ qù kàn diànyǐng. jīntiān míngtiān

8▷Choose the parts to form characters according to the pinyin.

yīn	zhōu	jì	jí
因	洲	际	极

氵	木
示	阝
及	大
州	口

9▷Write the words or phrases with the characters given according to the English.

因	欧	法
名	际	有
亚	国	以
所	为	洲

Asia ___亚洲___ Europe ___欧洲___

international ___国际___ because ___因为___

so, therefore ___所以___ famous ___有名___

France ___法国___

10▷Choose the correct pictures according to the Chinese.

Zhè bú shì Ōuzhōu diànyǐng, zhè shì Yàzhōu de.
1) 这 不 是 欧 洲 电 影 ， 这 是 亚 洲 的 。（A）

A

B

Yīnwèi jīntiān xià yǔ, suǒyǐ wǒmen zài tǐyùguǎn shàng tǐyùkè.
2) 因 为 今 天 下 雨 ， 所 以 我 们 在 体 育 馆 上 体 育 课 。（B）

A

B

Xīngqīwǔ xiàwǔ wǒ qù xué jīngjù.

3) 星期五下午我去学京剧。(B)

A

B

Tā shì Yàzhōu yǒumíng de yǎnyuán, wǒ hěn xǐhuan tā de biǎoyǎn.

4) 他是亚洲有名的演员，我很喜欢他的表演。(A)

A

B

Túshūguǎn de shū duō jí le!

5) 图书馆的书多极了！(B)

A

B

11▷ Fill in the blanks with the number of the correct picture according to the Chinese.

①

②

③

④

⑤

Nǐ xiǎng kàn shénme diànyǐng?
1) 你 想 看 什么 电 影 ?
Wǒ xiǎng kàn Ōuzhōu diànyǐng.
我 想 看 欧 洲 电 影 。 （ ）

Tā shì Ōuzhōu yǎnyuán ma?
2) 他 是 欧 洲 演 员 吗 ?
Tā shì Yàzhōu yǎnyuán, tā hěn yǒumíng.
他 是 亚 洲 演 员 , 他 很 有 名 。 （ ）

Xīngqīliù nǐ yǒu kè ma?
3) 星 期 六 你 有 课 吗 ?
Méiyǒu kè, wǒ qù xué jīngjù biǎoyǎn.
没 有 课 , 我 去 学 京 剧 表 演 。 （ ）

Jīntiān nǐmen xué tàijíquán ma?
4) 今 天 你 们 学 太 极 拳 吗 ?
Xué le, yīnwèi tiānqì bù hǎo, suǒyǐ wǒmen zài tǐyùguǎn xué tàijíquán.
学 了 , 因 为 天 气 不 好 , 所 以 我 们 在 体 育 馆 学 太 极 拳 。（ ）

Xīngqītiān nǐ kàn shénme diànshì jiémù?
5) 星 期 天 你 看 什么 电 视 节 目 ?
Yīnwèi māma xǐhuan kàn lìshǐ jiémù, suǒyǐ wǒ gēn tā yìqǐ kàn.
因 为 妈 妈 喜 欢 看 历 史 节 目 , 所 以 我 跟 她 一 起 看 。 （ ）

12> **Choose the correct translations.**

1) This is not an Asian film, this is an European one. （ ）
Zhè bú shì Ōuzhōu diànyǐng, zhè shì Yàzhōu de.
A 这 不 是 欧 洲 电 影 , 这 是 亚 洲 的 。
Zhè bú shì Yàzhōu diànyǐng, zhè shì Ōuzhōu de.
B 这 不 是 亚 洲 电 影 , 这 是 欧 洲 的 。

2) He is the most famous actor in the world. （ ）
Tā shì Yàzhōu zuì yǒumíng de yǎnyuán.
A 他 是 亚 洲 最 有 名 的 演 员 。
Tā shì guójì shang zuì yǒumíng de yǎnyuán.
B 他 是 国 际 上 最 有 名 的 演 员 。

3) That place is extremely beautiful. （ ）
Nàge dìfang piàoliang jí le.
A 那 个 地 方 漂 亮 极 了 。
Nàge dìfang gānjìng jí le.
B 那 个 地 方 干 净 极 了 。

4) His performance is extremely good, so we like his films.　　(　)

       Yīnwèi　tā　de　jiémù　hǎo　jǐ　le,　　suǒyǐ　wǒmen　xǐhuan　tā　de　diànyǐng.
A　因 为 他 的 节 目 好 极 了 ，　所 以 我 们 喜 欢 他 的 电 影 。

       Yīnwèi　tā　de　biǎoyǎn　hǎo　jǐ　le,　　suǒyǐ　wǒmen　xǐhuan　tā　de　diànyǐng.
B　因 为 他 的 表 演 好 极 了 ，　所 以 我 们 喜 欢 他 的 电 影 。

5) It's interesting, so we like it.　　(　)

       Yīnwèi　yǒumíng,　　suǒyǐ　wǒmen　xǐhuan.
A　因 为 有 名 ，　所 以 我 们 喜 欢 。

       Yīnwèi　yǒu　yìsi,　　suǒyǐ　wǒmen　xǐhuan.
B　因 为 有 意 思 ，　所 以 我 们 喜 欢 。

13▷ Write characters with the following radicals as the example.

氵	汉
木	
阝	

14▷ Write more characters.

第二十一课 你看广告没有

1 ▷ Use the pinyin given to transcribe the following words.

> shǒujī méi(yǒu) dìtiě shōuyīnjī shǒubiǎo
> shìzhōngxīn zhōngxīn guǎnggào

中心_____   广告_____   地铁_____

手表_____   手机_____   没（有）_____

收音机_____   市中心_____

2 ▷ Match the English words with the Chinese equivalents and the pinyin.

have not	市中心	dìtiě
underground	手机	shìzhōngxīn
watch	地铁	méi(yǒu)
radio	广告	shǒujī
centre	没（有）	shōuyīnjī
city centre	手表	shǒubiǎo
advertisement	中心	guǎnggào
mobile phone	收音机	zhōngxīn

3 ▷ Write characters according to the pinyin and the number of the strokes.

xīn 4画								
shǒu 4画								
gào 7画								
huà 8画								

biǎo										
8画										

4▷ Select the correct pictures from the appendix according to the Chinese, then stick them here.

diànshì li de guǎnggào
1) 电 视 里 的 广 告

tīng shōuyīnjī
2) 听 收 音 机

piàoliang de shǒubiǎo
3) 漂 亮 的 手 表

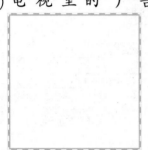

xīn shǒujī
4) 新 手 机

shìzhōngxīn
5) 市 中 心

dìtiě li de guǎnggào
6) 地 铁 里 的 广 告

5▷ Following the example, put the appropriate words and phrases in the columns.

shōuyīnjī　diànshì jiémù　　xīn shǒubiǎo　Zhōngguó yīnyuè　　shāfā
收 音 机　电 视 节 目　　新 手 表　　中 国 音 乐　　沙 发

jīngjù biǎoyǎn　diànyǐng piào　　yīnyuè　　diànnǎo　　lánqiú bǐsài
京 剧 表 演　电 影 票　　音 乐　　电 脑　　篮 球 比 赛

mǎi 买	kàn 看	tīng 听
xīn shǒubiǎo 新 手 表		

6 ▷ Answer the questions according to your own opinions.

Qìchēzhàn de guǎnggào hé dìtiězhàn de guǎnggào, nǎge piàoliang?
1) 汽车站 的 广告 和 地铁站 的 广告，哪个 漂亮？( )

A

B

Báisè de shǒujī hé hóngsè de shǒujī, nǎge piàoliang?
2) 白色 的 手机 和 红色 的 手机，哪个 漂亮？( )

A

B

Diànshì li de guǎnggào hé shōuyīnjī li de guǎnggào, nǎge hǎo?
3) 电视里的 广告 和 收音机里的 广告，哪个 好？( )

A

B

Lìshǐ shū hé dìlǐ shū, nǐ xǐhuan nǎ běn?
4) 历史书和 地理书，你 喜欢 哪本？( )

A

B

5) Dà diànnǎo hé xiǎo diànnǎo, nǎge hǎo?
大 电 脑 和 小 电 脑 ， 哪 个 好 ? ( )

A    B

7▷ Put appropriate tones on the following pinyin.

1) 我要买一个新手机。
Wo yao mai yi ge xin shouji.

2) 市中心有两个花园，都很漂亮。
Shizhongxin you liang ge huayuan, dou hen piaoliang.

3) 我喜欢看地铁里的广告。
Wo xihuan kan ditie li de guanggao.

4) 你的收音机跟他的不一样，哪个好?
Ni de shouyinji gen ta de bu yiyang, nage hao?

8▷ Tell T (true) or F (false) according to the Exercise 1 " Read aloud" in Student's Book (on page109).

Wǒ xiǎng mǎi yí ge xīn shǒubiǎo.
1) 我 想 买 一 个 新 手 表 。 ( )

Zhè shì Yàzhōu zuì hǎo de shǒujī.
2) 这 是 亚 洲 最 好 的 手 机 。 ( )

Diànshì li yě yǒu zhège shǒujī de guǎnggào.
3) 电 视 里 也 有 这 个 手 机 的 广 告 。 ( )

Wǒ bù xǐhuan kàn diànshì li de guǎnggào.
4) 我 不 喜 欢 看 电 视 里 的 广 告 。 ( )

Wǒ xǐhuan tīng shōuyīnjī li de guǎnggào.
5) 我 喜 欢 听 收 音 机 里 的 广 告 。 ( )

Měi ge guǎnggào dōu méiyǒu yìsi.
6) 每 个 广 告 都 没 有 意 思 。 ( )

Shìzhōngxīn de shǒujī guǎnggào piàoliang jí le.
7) 市 中 心 的 手 机 广 告 漂 亮 极 了 。 ( )

9▷ Choose the parts to form characters according to the pinyin.

shì	dì	tiě	shōu

钅	夂
土	亠
巾	刂
也	失

10 Write the words or phrases with the characters given according to the English.

机	中	地
告	没	广
表	有	市
铁	手	心

have not _____

mobile phone _____

city centre _____

advertisement _____

underground _____

watch _____

11 Choose the correct pictures according to the Chinese.

　　　Qìchē　de guǎnggào piàoliang jí　le !
1) 汽车 的 广告 漂亮 极 了 ! （ ）

A 　　　　　B

　　　Xiǎomíng xiǎng mǎi yí　ge xīn shǒujī.
2) 小明 想 买 一 个 新 手机 。（ ）

A 　　　　　B

　　　Wǒ xǐhuan tīng shōuyīnjī　li de guǎnggào.
3) 我 喜欢 听 收音机 里 的 广告 。（ ）

A 　　　　　B

Wǒ zài dìtiě li tīng Fǎguó yīnyuè.
4) 我 在 地 铁 里 听 法 国 音 乐 。（ ）

A  B

Xīngqīliù wǒ qù shìzhōngxīn mǎi dōngxi.
5) 星 期 六 我 去 市 中 心 买 东 西 。（ ）

A  B

12▷ Fill in the blanks with the number of the correct picture according to the Chinese.

① ② ③ ④ ⑤

Nǐ xiǎng mǎi shénme?
1) 你 想 买 什 么 ？
Wǒ xiǎng mǎi yí ge xīn shǒujī.
我 想 买 一 个 新 手 机 。 （ ）

Jīntiān nǐ qù mǎi dōngxi ma?
2) 今 天 你 去 买 东 西 吗 ？
Míngtiān shì bàba de shēngrì, wǒ xiǎng gěi tā mǎi yí ge shōuyīnjī.
明 天 是 爸 爸 的 生 日 ， 我 想 给 他 买 一 个 收 音 机 。 （ ）

Nǐ xiǎng dìng shénme piào?
3) 你 想 订 什 么 票 ？
Wǒ xiǎng dìng yì zhāng diànyǐng piào.
我 想 订 一 张 电 影 票 。 （ ）

Nǎge guǎnggào yǒu yìsi?
4) 哪 个 广 告 有 意 思 ？
Wǒ xǐhuan shǒubiǎo de guǎnggào
我 喜 欢 手 表 的 广 告 。 （ ）

5)　Nǐ　kànle　zhège　xīn diànyǐng méiyǒu?
　你 看 了 这 个 新 电 影 没 有?
　　　　Wǒ kàn le,　nàge nán yǎnyuán de biǎoyǎn hǎo jí le.
　我 看 了, 那 个 男 演 员 的 表 演 好 极 了。　　(　)

13▷ **Choose the correct translations.**

1) There are ads on TV and on the radio. (　)
　　　Diànshì li yǒu guǎnggào,　shōuyīnjī li méiyǒu guǎnggào.
　A 电 视 里 有 广 告, 收 音 机 里 没 有 广 告。
　　　Diànshì li yǒu guǎnggào,　shōuyīnjī li yě yǒu guǎnggào.
　B 电 视 里 有 广 告, 收 音 机 里 也 有 广 告。

2) Did you see today's geography programme? (　)
　　　Nǐ kàn jīntiān de dìlǐ jiémù méiyǒu?
　A 你 看 今 天 的 地 理 节 目 没 有?
　　　Nǐ méiyǒu kàn jīntiān de dìlǐ jiémù le ma?
　B 你 没 有 看 今 天 的 地 理 节 目 了 吗?

3) There are three gardens in the city centre. Which is most beautiful? (　)
　　　Shìzhōngxīn yǒu sān ge huāyuán,　nǎge zuì piàoliang?
　A 市 中 心 有 三 个 花 园, 哪 个 最 漂 亮?
　　　Shìzhōngxīn yǒu sān ge huāyuán,　shénme zuì piàoliang?
　B 市 中 心 有 三 个 花 园, 什 么 最 漂 亮?

4) This watch is the best in Europe. It's extremely expensive. (　)
　　　Zhège shǒubiǎo shì Ōuzhōu zuì hǎo de shǒubiǎo,　guì jí le.
　A 这 个 手 表 是 欧 洲 最 好 的 手 表, 贵 极 了。
　　　Zhège shǒubiǎo shì Ōuzhōu zuì hǎo de shǒubiǎo,　tài guì.
　B 这 个 手 表 是 欧 洲 最 好 的 手 表, 太 贵。

5) Is there this music on TV? (　)
　　　Diànyǐng li méi yǒu méi zhège yīnyuè?
　A 电 影 里 没 有 没 这 个 音 乐?
　　　Diànshì li yǒu méi yǒu zhège yīnyuè?
　B 电 视 里 有 没 有 这 个 音 乐?

14▷ **Write characters with the following radicals as the example.**

土　地 ＿＿＿＿＿＿＿＿＿＿＿＿＿＿＿＿＿＿＿＿＿

钅　＿＿＿＿＿＿＿＿＿＿＿＿＿＿＿＿＿＿＿＿＿

攵　＿＿＿＿＿＿＿＿＿＿＿＿＿＿＿＿＿＿＿＿＿

第二十二课 我去过故宫

1▷ Use the pinyin given to transcribe the following words.

> Āijí Déguó Táiwān Lúndūn Chángchéng Gùgōng shǔjià guò

暑假_____   故宫_____   过_____

台湾_____   伦敦_____   长城_____

德国_____   埃及_____

2▷ Match the English words with the Chinese equivalents and the pinyin.

Germany	台湾	Āijí
the Imperial Palace	故宫	Déguó
Egypt	长城	Táiwān
London	德国	Lúndūn
summer holidays	埃及	Gùgōng
the Great Wall	暑假	shǔjià
Taiwan	伦敦	Chángchéng

3▷ Write characters according to the pinyin and the number of the strokes.

tái 5画								
guò 6画								
gōng 9画								

chéng 9画										
měi 9画										

4▷ Select the correct pictures from the appendix according to the Chinese, then stick them here.

1) qùguo Gùgōng
去 过 故 宫

2) chīguo Zhōngguócài
吃 过 中 国 菜

3) kànguo Fǎguó diànyǐng
看 过 法 国 电 影

4) xuéguo tàijíquán
学 过 太 极 拳

5) dǎguo pīngpāngqiú
打 过 乒 乓 球

6) tīguo zúqiú
踢 过 足 球

5▷ Following the example, put the appropriate words and phrases in the columns.

hǎixiān diǎnxin diànyǐng Chángchéng Āijí Jiānádà Yàzhōu
海 鲜　点 心　电 影　　长 城　　埃 及　　加 拿 大　亚 洲

jiàoyù jiémù dìlǐ zhūròu shùxué jīngjù Hànyǔ
教 育 节 目　地 理　　猪 肉　　数 学　　京 剧　汉 语

chīguo 吃过	kànguo 看过	xuéguo 学过	qùguo 去过
hǎixiān 海鲜			

6▷ Fill in the blanks with the number of the correct word.

> | mǎi | hē | tīng | qù | dǎ |
> |---|---|---|---|---|
> | ①买 | ②喝 | ③听 | ④去 | ⑤打 |

1) ___ guo qìshuǐ
过 汽 水

2) ___ guo jīngjù
过 京 剧

3) ___ guo Déguó yīnyuè
过 德 国 音 乐

4) ___ guo yǔmáoqiú
过 羽 毛 球

5) ___ guo Měiguó
过 美 国

6) ___ guo diànyǐng piào
过 电 影 票

7) ___ guo Zhōngwén shū
过 中 文 书

8) ___ guo Yīngguó chá
过 英 国 茶

7▷ Put appropriate tones on the following pinyin.

1) 我去过英国，还去过法国。
Wo quguo Yingguo, hai quguo Faguo.

2) 暑假我想去埃及。
Shujia wo xiang qu Aiji.

3) 妹妹想坐火车去上海。
Meimei xiang zuo huoche qu Shanghai.

4) 你看过这个电影吗？
Ni kanguo zhege dianying ma?

8▷ Circle what they don't mention according to the Exercise 1 "Read aloud" in Student's Book（on page115）.

Běijīng	Táiwān	Shànghǎi	Lúndūn	Déguó
北 京	台 湾	上 海	伦 敦	德 国
Āijí	Fǎguó	Chángchéng	Gùgōng	Tiān'ānmén
埃 及	法 国	长 城	故 宫	天 安 门

9▷Choose the parts to form characters according to the pinyin.

gù	chéng	wān	lún

土	氵
古	仑
弯	亻
成	攵

10▷Write the words or phrases with the characters given according to the English.

城　　敦　　国
埃　　台　　宫
湾　　德　　伦
故　　长　　及

the Great Wall _____

the Imperial Palace _____

Egypt _____   London _____

Taiwan _____   Germany _____

11▷Choose the correct pictures according to the Chinese.

Yīngwén lǎoshī qùguo Měiguó.
1) 英文老师去过美国。（　）

A 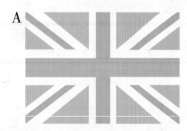   B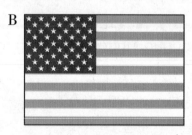

Jīnnián shǔjià wǒ qùle Fǎguó.
2) 今年暑假我去了法国。（　）

A    B

Hěn duō rén dōu xiǎng qù   Āijí.
3) 很 多 人 都 想 去 埃及。（　）

A

B

Wǒ xuéguo   shūfǎ,   wǒ hěn xǐhuan.
4) 我 学 过 书法 ，我 很 喜欢。（　）

A

B

Nǐ kànguo Zhōngguó diànyǐng ma?
5) 你 看 过 中 国 电影 吗？（　）

A

B

12> Fill in the blanks with the number of the correct picture according to the Chinese.

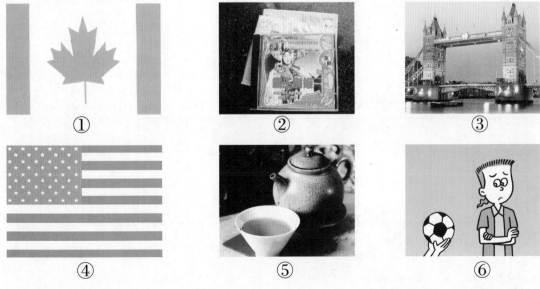

①　　　　②　　　　③

④　　　　⑤　　　　⑥

KUAILE HANYU

Nǐ tīngguo jīngjù ma?
1) 你听过京剧吗？

Tīngguo, wǒ yǒu hěn duō jīngjù
听过，我有很多京剧 CD 。 （ ）

Jīnnián xiàtiān nǐ qù shénme dìfang?
2) 今年夏天你去什么地方？

Wǒ zuò fēijī qù Jiānádà
我坐飞机去加拿大。 （ ）

Nǐ qùguo Ōuzhōu ma?
3) 你去过欧洲吗？

Wǒ qùguo Ōuzhōu, wǒ hěn xǐhuan Ōuzhōu.
我去过欧洲，我很喜欢欧洲。 （ ）

Nǐ tīguo zúqiú ma?
4) 你踢过足球吗？

Méi yǒu, wǒ méi tīguo zúqiú, wǒ bù xǐhuan tī zúqiú.
没有，我没踢过足球，我不喜欢踢足球。 （ ）

13 ▷ Choose the correct translations.

1) My father has learned Taiji. （ ）

Bàba xuéguo tàijíquán.　　　Bàba xiǎng xué tàijíquán.
A 爸爸学过太极拳。 B 爸爸想学太极拳。

2) Have you drunk any Chinese tea? （ ）

Nǐ hē Zhōngguó chá ma?　　　Nǐ hēguo Zhōngguó chá ma?
A 你喝中国茶吗？ B 你喝过中国茶吗？

3) I have listened some German music. I like them very much. （ ）

Wǒ tīng de Déguó yīnyuè, wǒ hěn xǐhuan.
A 我听的德国音乐，我很喜欢。
Wǒ tīngguo Déguó yīnyuè, wǒ hěn xǐhuan.
B 我听过德国音乐，我很喜欢。

4) Have you been to Egypt? I have not been there. （ ）

Nǐ qùguo Āijí ma? Wǒ méi qùguo.
A 你去过埃及吗？我没去过。
Nǐ qùle Āijí ma? Wǒ méi qù le.
B 你去了埃及吗？我没去了。

14 ▷ Write more characters.

第二十三课 广州比北京热得多

1▷ Use the pinyin given to transcribe the following words.

> bùdéliǎo xiàtiān dōngtiān yuǎn jìn fēngjǐng hǎitān de dìtú

得_____   地图_____   海滩_____

近_____   冬天_____   风景_____

远_____   夏天_____   不得了_____

2▷ Match the English words with the Chinese equivalents and the pinyin.

near, close	冬天	bùdéliǎo
winter	地图	xiàtiān
far	近	dōngtiān
extreme	夏天	yuǎn
beach	风景	jìn
map	不得了	fēngjǐng
summer	远	hǎitān
scenery	海滩	dìtú

3▷ Write characters according to the pinyin and the number of the strokes.

yuǎn 7画								
jìn 7画								
hǎi 10画								
xià 10画								

145

de 11画										

4▷ Select the correct pictures from the appendix according to the Chinese, then stick them here.

rè   de   bùdéliǎo
1) 热 得 不 得 了

lěng de   bùdéliǎo
2) 冷 得 不 得 了

yuǎn de   bùdéliǎo
3) 远 得 不 得 了

gāoxìng de   bùdéliǎo
4) 高 兴 得 不 得 了

5▷ Fill in the blanks with the number of the correct word.

yuǎn	gāo	duō	nán	hǎo	guì	piàoliang
① 远	② 高	③ 多	④ 难	⑤ 好	⑥ 贵	⑦ 漂亮

Zuò fēijī bǐ zuò huǒchē de duō.
1) 坐 飞 机 比 坐 火 车 ___ 得 多 。

Gēge bǐ wǒ de duō.
2) 哥 哥 比 我 ___ 得 多 。

Fēijīchǎng bǐ huǒchēzhàn de duō.
3) 飞 机 场 比 火 车 站 ___ 得 多 。

Xiānggǎng de dōngtiān bǐ xiàtiān de duō, bù lěng yě bú rè.
4) 香 港 的 冬 天 比 夏 天 ___ 得 多 ， 不 冷 也 不 热 。

Tiān'ānmén Guǎngchǎng de rén de bùdéliǎo.
5) 天 安 门 广 场 的 人 ___ 得 不 得 了 。

Jīntiān de zuòyè de bùdéliǎo.
6) 今 天 的 作 业 ___ 得 不 得 了 。

Nǐ jiā de huāyuán de bùdéliǎo.
7) 你 家 的 花 园 ___ 得 不 得 了 。

6 ▷ Put appropriate tones on the following pinyin.

1) 暑假我想去台湾，你呢?
   Shujia wo xiang qu Taiwan, ni ne?

2) 你去过中国吗?
   Ni quguo Zhongguo ma?

3) 广州比北京热得多。
   Guangzhou bi Beijing re de duo.

4) 上海大得不得了。
   Shanghai da de budeliao.

7 ▷ Circle what they don't mention according to the Exercise 1 "Read aloud" in Student's Book (on page121).

Guǎngzhōu	Fǎguó	Táiwān	Běijīng	Xiānggǎng	Měiguó
广 州	法 国	台 湾	北 京	香 港	美 国
Lúndūn	hǎitān	Gùgōng	Chángchéng	fēijīchǎng	huǒchēzhàn
伦 敦	海 滩	故 宫	长 城	飞 机 场	火 车 站

8 ▷ Choose the parts to form characters according to the pinyin.

yuǎn	jìn	jǐng
hǎi	tú	tān

京	口
氵	辶
每	日
冬	难
元	斤

9 ▷ Write the words or phrases with the characters given according to the English.

风　冬　图
暑　春　景
天　夏　假
海　地　滩

beach _____   summer _____

map _____   scenery _____

winter _____   spring _____

summer vacation _____

10▷ Select the correct pictures from the appendix according to the Chinese,
then stick them here.

Tā dùzi téng de bùdéliǎo .
1) 他 肚 子 疼 得 不 得 了 。

Zhèli de dōngtiān lěng de bùdéliǎo .
2) 这 里 的 冬 天 冷 得 不 得 了 。

Jiějie bǐ wǒ gāo de duō.
3) 姐 姐 比 我 高 得 多 。

Xīn yùndòngxié piàoliang de bùdéliǎo .
4) 新 运 动 鞋 漂 亮 得 不 得 了 。

Diànnǎo bǐ shǒujī guì de duō .
5) 电 脑 比 手 机 贵 得 多 。

Wǒ hé gēge zài hǎitān sànbù .
6) 我 和 哥 哥 在 海 滩 散 步 。

11▷ Fill in the blanks with the number of the correct picture according to the
Chinese.

①   ②   ③

④

⑤

⑥

Xiàtiān nǐ xiǎng qù nǎr?
1) 夏 天 你 想 去 哪 儿 ?

Wǒ xiǎng gēn Xiǎomíng yìqǐ qù hǎitān.
我 想 跟 小 明 一 起 去 海 滩 。 （　　）

Nǐ qùguo Chángchéng ma?
2) 你 去 过 长 城 吗 ?

Qùguo, Chángchéng de fēngjǐng piàoliang de bùdéliǎo.
去 过 ， 长 城 的 风 景 漂 亮 得 不 得 了 。 （　　）

Huǒchēzhàn hé túshūguǎn nǎge yuǎn?
3) 火 车 站 和 图 书 馆 哪 个 远 ?

Huǒchēzhàn bǐ túshūguǎn yuǎn de duō.
火 车 站 比 图 书 馆 远 得 多 。 （　　）

Běijīng chūntiān fēng dà ma?
4) 北 京 春 天 风 大 吗 ?

Běijīng chūntiān fēng dà de bùdéliǎo.
北 京 春 天 风 大 得 不 得 了 。 （　　）

12▷ **Choose the correct translations.**

1) My brother will go to China this winter. （　　）

Wǒ gēge jīnnián dōngtiān yào qù Zhōngguó.
A 我 哥 哥 今 年 冬 天 要 去 中 国 。

Wǒ gēge jīnnián xiàtiān yào qù Zhōngguó.
B 我 哥 哥 今 年 夏 天 要 去 中 国 。

2) My sister will go to beach with her friends this summer. （　　）

Wǒ jiějie jīnnián xiàtiān yào gēn péngyou yìqǐ qù hǎitān.
A 我 姐 姐 今 年 夏 天 要 跟 朋 友 一 起 去 海 滩 。

Wǒ jiějie jīnnián dōngtiān yào gēn péngyou yìqǐ qù hǎitān.
B 我 姐 姐 今 年 冬 天 要 跟 朋 友 一 起 去 海 滩 。

3) Guangzhou is much hotter than Beijing in summer. （　　）

Xiàtiān Běijīng bǐ Guǎngzhōu rè de duō.
A 夏 天 北 京 比 广 州 热 得 多 。

Xiàtiān Guǎngzhōu bǐ Běijīng rè de duō.
B 夏 天 广 州 比 北 京 热 得 多 。

4) There are a lot of Chinese books in library.   (   )

<blockquote>
Túshūguǎn   de Zhōngwén shū shǎo de bùdéliǎo.
A 图 书 馆 的 中 文 书 少 得 不 得 了 。

Túshūguǎn   de Zhōngwén shū duō de bùdéliǎo.
B 图 书 馆 的 中 文 书 多 得 不 得 了 。
</blockquote>

13▷ Write characters with the following radicals as the example.

辶	近
口	
心	

14▷ Write more characters.

第二十四课 吃月饼，看月亮

1▷ Use the pinyin given to transcribe the following words.

> Zhōngqiū Jié Duānwǔ Jié yuèbing zòngzi
> yuèliang lóngzhōu hǎochī chúle

好吃＿＿＿＿＿＿＿＿＿　　月亮＿＿＿＿＿＿＿＿＿　　除了＿＿＿＿＿＿＿＿＿

月饼＿＿＿＿＿＿＿＿＿　　龙舟＿＿＿＿＿＿＿＿＿　　粽子＿＿＿＿＿＿＿＿＿

中秋节＿＿＿＿＿＿＿＿　　端午节＿＿＿＿＿＿＿＿

2▷ Match the English words with the Chinese equivalents and the pinyin.

the Dragon Boat Festival	粽子	Zhōngqiū Jié
moon	端午节	chúle
dragon boat	好吃	yuèbing
besides	月亮	zòngzi
moon cake	中秋节	yuèliang
the Mid-Autumn Festival	除了	lóngzhōu
rice dumplings	龙舟	hǎochī
delicious	月饼	Duānwǔ Jié

3▷ Write characters according to the pinyin and the number of the strokes.

wǔ 4画								
lóng 5画								
qiū 9画								
bǐng 9画								

chú 9画													

4 ▷ Select the correct pictures from the appendix according to the Chinese, then stick them here.

lóngzhōu bǐsài
1) 龙 舟 比 赛

chī yuèbing
2) 吃 月 饼

kàn yuèliang
3) 看 月 亮

chī zòngzi
4) 吃 粽 子

5 ▷ Following the example, put the appropriate words and phrases in the columns.

diànyǐng   yuèbing   tǐyù jiémù   niúròu   lóngzhōu bǐsài
电 影   月 饼   体 育 节 目   牛 肉   龙 舟 比 赛

huā   diǎnxin   dǎ yǔmáoqiú   pīngpāngqiú bǐsài   yuèliang
花   点 心   打 羽 毛 球   乒 乓 球 比 赛   月 亮

xīnwén   zòngzi   shuǐguǒ   Zhōngwén shū   diànshì
新 闻   粽 子   水 果   中 文 书   电 视

	hěn hǎochī
yuèbing 月 饼	很 好 吃
	hěn hǎokàn 很 好 看
	hěn yǒu yìsi 很 有 意 思

6 ▷ Fill in the blanks with the number of the correct word.

chī	hē	xué	dǎ	kàn	mǎi
① 吃	② 喝	③ 学	④ 打	⑤ 看	⑥ 买

Zǎoshang wǒ chúle   miànbāo,   hái   jīdàn.
1) 早上 我 除了＿ 面包 , 还 ＿ 鸡蛋 。

Míngming chúle   Yīngwén,   hái   Fǎwén.
2) 明明 除了＿ 英文 , 还 ＿ 法文 。

Bàba   chúle   chá,   hái   kāfēi.
3) 爸爸 除了＿ 茶 , 还＿ 咖啡 。

Māma   chúle   tàijíquán,   hái   pīngpāngqiú.
4) 妈妈 除了＿ 太极拳 , 还＿ 乒乓球 。

Jiějie   chúle   shǒujī,   hái   shǒubiǎo.
5) 姐姐 除了＿ 手机 , 还＿ 手表 。

Jīntiān wǎnshang gēge   chúle   tǐyù jiémù,   hái   jiàoyù jiémù.
6) 今天 晚上 哥哥 除了＿ 体育 节目 , 还＿教育 节目 。

7 ▷ Put appropriate tones on the following pinyin.

1) 你吃月饼不吃？
   Ni chi yuebing bu chi?

2) 端午节中国人要吃粽子。
   Duanwu Jie Zhongguoren yao chi zongzi.

3) 你除了学习汉语，还学习什么？
   Ni chule xuexi Hanyu, hai xuexi shenme?

8 ▷ Circle what they don't buy according to the Part One of Exercise 1 " Read aloud" in Student' s Book（on page127）.

yuèbing	shuǐguǒ	kāfēi	diǎnxin
月饼	水果	咖啡	点心
qìshuǐ	zòngzi	niúròu	chá
汽水	粽子	牛肉	茶

9 ▷ Choose the parts to form characters according to the pinyin.

chú	zòng	qiū	bǐng

禾	米
并	余
宗	饣
阝	火

10 Write the words or phrases with the characters given according to the English.

月　龙　点
子　亮　果
饼　漂　舟
水　心　粽

moon _____　rice dumplings _____

pastries _____　moon cake _____

fruit _____　beautiful _____

dragon boat _____

11 Fill in the blanks with the number of the correct picture according to the Chinese.

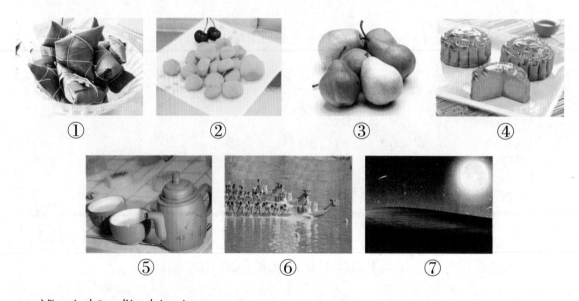

① ② ③ ④

⑤ ⑥ ⑦

Nǐ qù shāngdiàn bú qù?
1) 你 去 商 店 不 去 ？
Qù, wǒ qù mǎi Zhōngguó chá.
去 ， 我 去 买 中 国 茶 。 （ ）

Nǐ yào mǎi shénme?
2) 你 要 买 什 么 ？
Wǒ yào mǎi liǎng jīn diǎnxin, hái yào sān jīn shuǐguǒ.
我 要 买 两 斤 点 心 ， 还 要 三 斤 水 果 。 （ ）

Zhōngqiū Jié Zhōngguórén chúle chī yuèbing, hái kàn yuèliang.
3) 中 秋 节 中 国 人 除 了 吃 月 饼 ， 还 看 月 亮 。 （ ）

Duānwǔ Jié Zhōngguórén chúle kàn lóngzhōu bǐsài, hái chī zòngzi.
4) 端 午 节 中 国 人 除 了 看 龙 舟 比 赛 ， 还 吃 粽 子 。 （ ）

12 ▷ **Choose the correct translations.**

1) What do you like?   (　)

    Nǐ yào shénme?
A 你 要 什 么 ？

    Nǐ shénme yào?
B 你 什 么 要 ？

2) How many *jin*s of pastries do you want?   (　)

    Nǐ yào jǐ jīn diǎnxin?
A 你 要 几 斤 点 心 ？

    Nǐ yào jǐ jīn shuǐguǒ?
B 你 要 几 斤 水 果 ？

3) I am going to eat moon cake and see the moon during the Mid-Autumn Festival. (　)

    Zhōngqiū Jié wǒ kàn yuèliang.
A 中 秋 节 我 看 月 亮 。

    Zhōngqiū Jié wǒ chī yuèbing、 kàn yuèliang.
B 中 秋 节 我 吃 月 饼 、 看 月 亮 。

4) Chinese people see the dragon boats and eat rice dumplings during the Dragon

   Boat Festival.   (　)

    Duānwǔ Jié Zhōngguórén chī zòngzi、 kàn lóngzhōu.
A 端 午 节 中 国 人 吃 粽 子 、 看 龙 舟 。

    Duānwǔ Jié Zhōngguórén kàn lóngzhōu bǐsài.
B 端 午 节 中 国 人 看 龙 舟 比 赛 。

13 ▷ **Write characters with the following radicals as the example.**

艹	节 _____
饣	_____
足	_____

14 ▷ **Write more characters.**

KUAILE HANYU

Appendices

I Answer Key

第一课　他是谁

3. 友　名　字　姓　朋　　　　　　6. 多　欢　字　朋

7. 他们　你们　名字　朋友　欢迎　地方　姓名

8. 1)B　2)A　3)B　4)A　　　　　10. 1)B　2)B　3)A　4)B

第二课　她比我高

3. 比　多　年　说　高　　　　　　5. 1)④　2)③　3)①　4)②

7. 六岁　数学　工程师　小明　医生　9. 汉语　艺　她

10. 今年　昨天　谢谢　英语　艺术　汉语　法语　今天

11. 1)A　2)B　3)A　4)A　5)B　　　12. 1)⑤　2)③　3)②　4)⑥　5)①　6)④

13. 1)B　2)A　3)A　4)B　5)A

第三课　我的一天

3. 床　饭　每　起　谁

5. 1)七点　2)七点　3)去学校　4)喝咖啡　5) 八点四十五　6)上网

7. 1)T　2)F　3)F　4)F　5)T　6)T　　　8. 睡　始　间　妹　晚

9. 时间　起床　开始　睡觉　晚上　每天　　　　10. 1)B　2)A　3)B　4)B　5)A

11. 1)④　2)③　3)①　4)⑤　5)②　　　12. 1)B　2)A　3)B　4)B

第四课　我的房间

3. 发　里　沙　间　的　　6. 法文书　电影　音乐　灯　　　7. 椅　客　厅　灯　床

8. 房间　厨房　桌子　客厅　沙发　书架　椅子　房间

9. 1)A　2)B　3)B　4)A　5)B　6)A　　　10. 1)④　2)③　3)②　4)⑥　5)⑤　6)①

11. 1)A　2)A　3)B　4)B　5)A

第五课 客厅在南边

3. 东边 对 面 南　　　　6. 1)③　2)①　3)②　4)④　5)⑤

8. 1)F　2)T　3)F　4)T　5)F　6)F　　　9. 饭 对 卧室

10. 早饭 对面 客厅 东边 卧室 旁边 南边 饭厅

11. 1)A　2)B　3)A　4)B　5)A　　　　12. 1)①　2)⑥　3)④　4)③　5)②

13. 1)B　2)B　3)B　4)A

第六课 你家的花园真漂亮

3. 干 花 净 桌 真　　　　7. 1)F　2)T　3)F　4)F　5)T　6)F

8. 整 齐 漂 园　　　　　9. 漂亮 花园 整齐 干净 书架 桌子 书桌

10. 1)A　2)A　3)B　4)B　5)A　　12. 1)A　2)B　3)B　4)B

第七课 你买什么

3. 斤 买 西 还 和

6. 1)②　2)①　3)③　4)①④　5)①④　6)①　7)④　8)①

8. 咖啡 果汁 面包 鸡肉 汽水 猪肉 面条　　9. 还 和 瓶 要

10. 苹果 鸡蛋 东西 点心 牛奶 汽水 水果

11. 1)A　2)B　3)A　4)C　　12. 1)⑥　2)②　3)④　4)⑤　　13. 1)B　2)A　3)A　4)A

第八课 苹果多少钱一斤

3. 少 分 共 块 钱　　4. 1)24　2)8.6　3)0.75　4)0.5　5)2　6)11.99

5. 1)一块五　2)三块　3)两块二　4)一块六

6. 1)③　2)②　3)①④　4)⑤　5)①　6)①

8. 1)②　2)⑤　3)③　4)①　5)④　6)④　　9. 果汁 牛肉 鸡蛋 点心

10. 钱 块 鸡 猪 分 零　　11. 猪肉 果汁 一共 小猫 多少 今年

12. 1)C　2)C　3)B　4)A　　13. 1)B　2)B　3)A　4)B

第九课 这件衣服比那件贵一点儿

4. 衣 件 自 行 样

6. 1)②(④) 2)① 3)③ 4)①(④) 5)⑤ 6)①(④) 7)③ 8)④

9.便 样 件 服 跟 宜

10.一样 便宜 自行车 干净 衣服 漂亮 爱好

11. 1)A 2)C 3)B 4)A   12. 1)② 2)④ 3)③ 4)①

13. 1)B 2)A 3)B 4)A 5)A

第十课 你今天上了什么课

3.了 历史 地理   4. 1)T 2)T 3)F 4)T 5)T

6. 1)英语 法语 体育   7.语 地 明 数 学 理

8.历史 地理 上课 明天 音乐 德语 体育 数学

9. 1)⑥ 2)⑧ 3)⑦ 4)③ 5)②   10. 1)B 2)A 3)A 4)B 5)B

第十一课 汉语难不难

3.业 作 科 思 意   6. 2)a)F b)F c)T d)F

7.意 作 科 思 试 难

8.没有 考试 科目 有意思 作业 上课 容易 中学

9. 1)B 2)B 3)A 4)A

第十二课 来打乒乓球吧

3.习 毛 足 来 踢

4. 1)看 2)打 3)听 4)打 5)踢 6)看 7)打 8)打

6. 1)羽毛球 乒乓球 2)a)T b)F c)T   7.踢 球 法 篮

8.书法 踢足球 学习 羽毛球 每天   9. 1)C 2)A 3)B 4)A 5)C

10. 1)A 2)B 3)B 4)A 5)A

第十三课 明天有小雨

3.风 明 雨 春 最

6. 1)③ 2)② 3)⑤ 4)④ 5)① 6)②③ 7)⑤ 8)①

9.晴 秋 季 春 常

10. 季节 春天 秋天 晴天 小雨 最高 朋友

11. 1)A 2)B 3)C 4)A 5)C 　　12. 1)② 2)⑥ 3)④ 4)①

13. 1)A 2)B 3)A 4)A

第十四课 在公园里

3. 太 奶 园 草 跑 　　5. 1)② 2)① 3)③ 4)② 5)① 6)① 7)② 8)①

8. 奶 孩 跑 园 边 草 地 极

9. 公园 孩子 湖边 常常 草地 散步

10. 1)A 2)B 3)A 4)A 5)B 　　11. 1)⑦ 2)① 3)⑤ 4)② 5)④

12. 1)A 2)A 3)B 4)B

第十五课 我感冒了

3. 头 肚 服 病 疼 　　　　5. 1)② 2)③ 3)① 4)④

8. 舒 晴 病 疼 红 眼 睛 感 冒 肚

9. 舒服 眼睛 感冒 肚子 头疼 医院

10. 1)B 2)B 3)A 4)B 5)A 　　11. 1)⑥ 2)④ 3)① 4)② 5)③

12. 1)B 2)B 3)A 4)B

第十六课 我喜欢你衣服的颜色

3. 红 色 动 运 新

6. 1)① 2)③ 3)② 4)① 5)① 6)③ 7)② 8)③

8. 1)T 2)T 3)F 4)T 5)T 　　9. 红 裤 鞋 流 越 新 蓝 穿

10. 颜色 红色 衣服 蓝色 流行 裤子 越来越

11. 1)A 2)B 3)B 4)A 　　　　12. 1)② 2)③ 3)⑥ 4)① 5)⑤

13. 1)B 2)A 3)A 4)B

第十七课 我跟爸爸一样喜欢京剧

3. 老 兴 剧 唱 票

6. 1)① 2)②(③) 3)②(③) 4)②(③) 5)① 6)②(③) 7)②(③) 8)①

9. 剧　唱　院　票　轻　演　　　10. 剧院　唱片　表演　高兴　年轻人　老年人

11. 1)A　2)B　3)B　4)A　5)A　　12. 1)①　2)⑦　3)⑤　4)②　5)④

13. 1)A　2)A　3)A　4)B

第十八课 音乐会快要开始了

3. 订　回　休　快　听　　　5. 1)①　2)②　3)③　4)①　5)④　6)⑥　7)⑤　8)①

7. 1)B　2)A　3)A　4)B　5)A　　8. 音　都　会　快　回　听　票　要　休

9. 休息　音乐会　回家　订票　快要　开始　每天　每年

10. 1)A　2)A　3)A　4)B　5)B　　　11. 1)②　2)④　3)⑤　4)⑥

12. 1)A　2)B　3)B　4)A

第十九课 我跟你一起看

3. 气　报　时　体　育　　　5. 1)③　2)⑥　3)①　4)②　5)④　6)⑤

7. 1)A　2)B　3)B　4)A　5)B　6)A　　8. 教　预　好　起

9. 比赛　时候　预报　天气　教育　新闻　10. 1)A　2)B　3)B　4)B　5)A

11. 1)③　2)②　3)④　4)①　　12. 1)A　2)A　3)B　4)A

第二十课 他的表演好极了

3. 为　以　因　极　所　　　5. 1)④　2)③　3)①　4)⑥　5)②　6)⑤

7. 1)A　2)B　3)A　4)A　5)A　6)B　7)B　　8. 因　洲　际　极

9. 亚洲　欧洲　国际　因为　所以　有名　法国

10. 1)A　2)B　3)B　4)B　5)A　　　11. 1)③　2)④　3)⑤　4)①　5)②

12. 1)B　2)B　3)A　4)B　5)B

第二十一课 你看广告没有

3. 心　手　告　话　表　　　8. 1)F　2)F　3)T　4)F　5)T　6)F　7)F

9. 市　地　铁　收　　　10. 没有　手机　市中心　广告　地铁　手表

11. 1)A　2)B　3)B　4)B　5)A　　12. 1)④　2)②　3)①　4)⑤　5)③

13. 1)B　2)A　3)A　4)A　5)B

第二十二课 我去过故宫

3. 台 过 宫 城 美

6. 1)② 2)③ 3)③ 4)⑤ 5)④ 6)① 7)① 8)②

8. 上海 伦敦 埃及 天安门　9. 故 城 湾 伦

10. 长城 故宫 埃及 伦敦 台湾 德国 11. 1)B 2)B 3)A 4)A 5)A

12. 1)② 2)① 3)③ 4)⑥　13. 1)A 2)B 3)B 4)A

第二十三课 广州比北京热得多

3. 远 近 海 夏 得　5. 1)⑥ 2)② 3)① 4)⑤ 5)③ 6)④ 7)⑦

7. 香港 美国 伦敦 故宫 长城 飞机场 火车站

8. 远 近 景 海 图 滩

9. 海滩 夏天 地图 风景 冬天 春天 暑假

11. 1)③ 2)① 3)② 4)④　12. 1)A 2)A 3)B 4)B

第二十四课 吃月饼,看月亮

3. 午 龙 秋 饼 除　6. 1)① 2)③ 3)② 4)④ 5)⑥ 6)⑤

8. 咖啡 汽水 粽子 牛肉　9. 除 粽 秋 饼

10. 月亮 粽子 点心 月饼 水果 漂亮 龙舟

11. 1)⑤ 2)②③ 3)④⑦ 4)①⑥　12. 1)A 2)A 3)B 4)A